あしたも、こはるびより。

つばた英子
つばたしゅういち

主婦と生活社

さあ、始まりです。
畑の中に
ちいさな丸太小屋を建て
機織りをして、野菜をつくり、
みなさんに差し上げ
手間ひまを惜しまない、
ていねいな暮らし。

しゅういちさん

1925.1.3生まれ

B型

身長174cm

趣味

「結婚するずっと前から友だち」のヨット。結婚してお金に余裕がないときも、ヨットだけは別格だった。これまでに5回、遭難しかかったが無事、帰還。88歳になったらタヒチ・クルーズに行く予定。

得意なこと

建築家だけに家や庭のトータルデザインが得意。記録したり、分類したり、洗濯物をピシッと干したりなど、こまやかな作業もしゅういちさんが担当。ヨットで培ったロープワークや生活術で、日々、家の中を使いやすく工夫している。

仕事

東京大学第一工学部を卒業後、建築設計事務所を経て日本住宅公団に勤務。いま住んでいる高蔵寺ニュータウンの開発などをはじめ宅地造成を担当。その後、広島大学教授などを歴任。現在は「自由時間評論家」として活動中。

歩幅 65cm

秒速 4歩

英子さん

1928.1.18生まれ

O型

身長153cm

子どものころ

愛知県半田の裕福な造り酒屋の娘として育つ。身の回りの世話は″ねえや″がすべてやってくれ、必要なものは″つけ″で買える生活。お金は見たことも持ったこともなく成長する。家で過ごすのが大好きだった。

結婚して

少女時代の理想の男性は「理想家で町をつくる人」。まさにそのとおりのしゅういちさんとお見合いで結婚。以来、″男の身勝手50年″につきあう。サラリーマンと結婚したのに、お金を見たことも持ったこともない生活が続く。常に夫を立て、支え、多少のことは「まあ、いいか」。けんかは一度もしたことがない。

好きなこと

畑と料理と編み物や機織り、刺繍などの手仕事全般。自分はあまり食べないが、人に食べさせて喜んでもらうのが好き。編み物や織り物も、たいてい人にあげてしまう。いまは、白糸刺繍に凝っている。

歩幅 50cm
秒速 3.5歩

つばた家へようこそ!

名古屋市近郊のニュータウンに建つ築35年の小さな平家。敷地内には、２００坪のキッチンガーデンと30坪の雑木林。住宅街とは思えないほど緑濃い一角が、英子さんとしゅういちさんの住まいです。

36年前に越してきてから、木を植え、家を建て、畑を耕して。60年近くも連れ添った二人はここで、自然と寄り添いながら穏やかに暮らしています。

キッチンガーデンのあちこちに黄色の名札が。「そそっかしい英子さんのために」しゅういちさんがつくった。畑で目立つ色だから、苗の種類を書いた名札も畑道具もこの黄色で統一し、いつしかこの色が、つばた家のテーマカラーに。

初夏のある日。「夏場は暑いので、朝４時に起きて、朝ごはんまでに畑仕事をすませてしまうんですよ」と英子さん。

はる。

なつ。

野菜70種、果実50種が育つキッチンガーデン

キッチンガーデンの広さは、およそ200坪。そこを21区画に分け、1区画ごとにキャベツやなす、きゅうり、トマトなどの野菜類を季節ごとにつくっています。まわりには、さくらんぼや梅、柚子などの果樹類を。その脇のちょっとした空きスペースにはしょうがや三つ葉なども植え込んで、自分たちで食べる野菜や果実のほとんどをまかなっています。

あき。

ふゆ。

いまでは、年間を通して野菜70種、果実50種が収穫できるようになりました。

落ち葉と野菜くずでつくった堆肥を使い、化学肥料は一切使っていないのが、二人の自慢。生ゴミは堆肥づくりに利用するので、ほとんどゴミの出ないエコ生活も同時進行中です。

安心、安全な旬の野菜を毎日、たっぷりと食べているためでしょうか。いまにも足を引っかけそうな草のつるや段差がいっぱいのキッチンガーデンをひょいひょいと、まるで飛び跳ねるかのように歩く英子さんとしゅういちさん。

つばた家の暮らしは、キッチンガーデンとともにあるのです。

ワンルームの丸太小屋

食べるのも
憩うのも
寛ぐのも
眠るのも
勤しむのも
いままでも、これからも

住まいは、高い天井と太い梁が印象的な丸太小屋。建築家のアントニン・レーモンド氏の家に倣って建てました。

「玄関はありませんよ。お好きな場所からお入りください」と、し

5	2	1
	3	
6	4	

1・**5**・**6**ワンルームの室内に食べて寛ぐ空間（**1**）、眠る空間（**5**）、仕事をする空間（**6**）がバランスよく収まっている。**2**・**3**・**4**こぢんまりと使い勝手のよいキッチンは、つばた家で唯一しゅういちさんの手が入らない、英子さんだけのお城。お湯も出ず、換気扇もないけれど…。

ゆういちさん。室内はおよそ72平米のワンルーム。中央に大きな食卓、片側には籐のベッドが２つ並んでいます。普通なら、壁で仕切るところを、「分ける必要もないから」と、しゅういちさんは、ひとつの空間に設えました。

秋のある朝

日によって色も味も違う生野菜ジュース。飲みやすくするために、みかんやりんごなどの果実は必ず。ときにははちみつで甘味を添えることも。

春のある朝

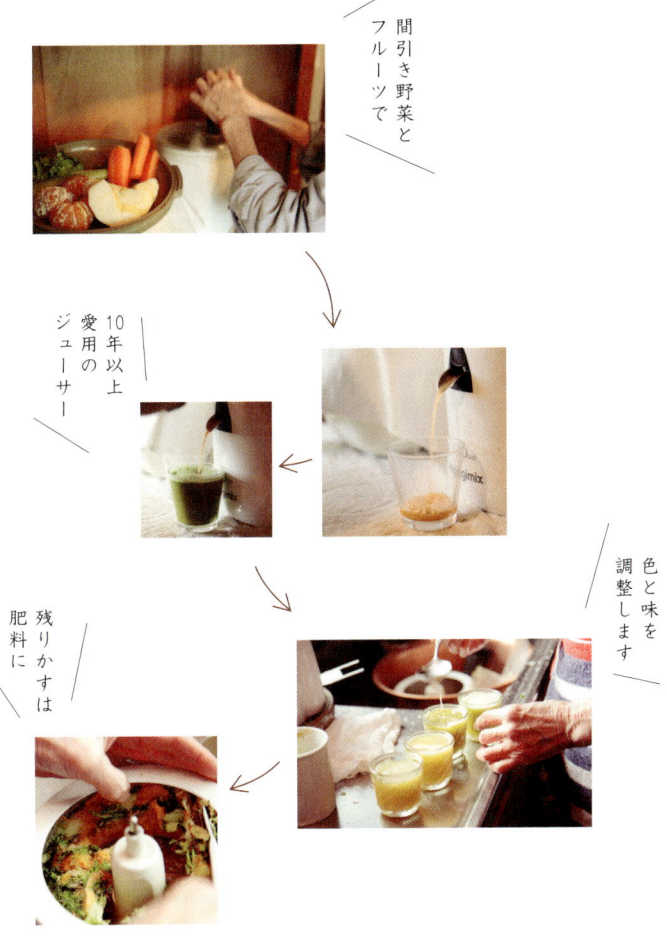

英子さんの生野菜ジュース

間引き野菜と
フルーツで

10年以上
愛用の
ジューサー

色と味を
調整します

残りかすは
肥料に

83歳と86歳。高齢なのに、いつも元気なつばた夫妻。パワーのもとは、25年間、毎朝欠かさず飲んでいる英子さん特製の生野菜ジュースです。朝一番にキッチンガーデンへ出て幾種類かの野菜を見繕い、お気に入りのジューサーでギュッと絞ってつくります。

「しゅうたんは、野菜も果物もあんまり食べないの。ジュースなら飲んでくれるかしら、と思ってね」

英子さんもお相伴にあずかっているうちに、いつしか病気ひとつしなくなっていて。

「私たち、いまではキッチンガーデンの雑草のようにタフなのよ」

さあ、3時のお茶にしましょうかね

「キッチンガーデンの50種類ほどの果物は、お菓子をつくるために育てているのよ」と英子さん。3時のティータイムには、しばしば手づくりのお菓子が登場します。
　いきなりのお客さまでも平気。キッチンガーデンの食材や、冷凍庫にあるつくりおきのタルト生地などで、ササッと何かしらを準備できてしまえるのです。

カスタードプリン

コーヒーゼリー

チーズケーキとスコーン

シフォンケーキ

「うーん、失敗」お客さまのためにシフォンケーキを焼いたら、焼き型に油分がついていたためか、うまくふくらまなかった。「あはは。英子さんみたいにしわしわだ（笑）」と、からかうしゅういちさん。英子さんは「もう！　しゅうたんの言うこと、少しもおもしろくない！」とご立腹。

あしたも、こはるびより。

目次

83
86
ひでこ・しゅういち

時をためる暮らし

昔懐かしい黒電話が、いまだ健在。「不便で、手間ひまがかかる暮らしが好き」なつばた家らしい。

農小屋の壁面に吊り下げたくわなどの畑道具たち。黄色くペイントされたそれらは、小柄な英子さんの使い勝手を考え、軽い掃除機の柄を使ってしゅういちさんが改良した。

はじめは石ころだらけだった

つばた夫妻の住まいは、愛知県春日井市の高蔵寺ニュータウンの一角にあります。ここは、住宅公団の設計者だったしゅういちさんが手がけた街。将来、息子夫婦と暮らすことを考えてしゅういちさんのお母さんが購入した土地を、プレゼントしてもらいました。

１９５５年に結婚して以来、東京の神宮前をスタートに、転勤で引っ越しを繰り返してきた英子さんとしゅういちさん。この地に家づくりを始めたのは、１９７５年。しゅういちさんが尊敬する建築家、アントニン・レーモンド氏の家に倣って、小さな家を建てました。

最初は英子さんと娘さんのアトリエにと考えていましたが、諸々の事情により、ここを夫婦の終の住みかとすることに。結婚以来ずっとしゅういちさんのヨッ

キッチンガーデンの一角にはコンポストがずらり。落ち葉をためて堆肥をつくっている。生ごみと落ち葉をサンドイッチして、各月ごとにコンポストへ。５か月蒸すと、真っ黒な堆肥ができる。

トにつきあわされてきた英子さんが、ようやく自身の夢である「菜園生活」を実現するときが来ました。

「越してきた当時は、まわりは見渡す限り石ころだらけの造成地。そこにわが家だけがポツンと建っていて。敷地内には田んぼの土がただ積み上げられていただけだったのを、きれいに敷きならして土や肥料を入れて。まずはキッチンガーデンの土づくりから始めたんです」

当初は、いまのように区分けされていたわけではなかったというキッチンガーデン。ただ漠然と東西に長畝を何本も耕し、そこに英子さんはいろいろな種をまいていました。現在の形になったのは、しゅういちさんがリタイアして家にいるようになってから。それも、ある日突然、英子さんの承諾もなく、です。

「はじめは勝手にやって！と思っていたけど、結果的には使いやすくなってよかったかな（笑）。長畝だと、

１～２１番まで、
きちんと区分けされた
キッチンガーデン

農作業小屋の前にかけた、しゅういちさん手製の木のパネル。いまこの時期に植えてあるものが書いてある。春、夏、秋、冬、季節ごとに、ていねいに書き換えて。

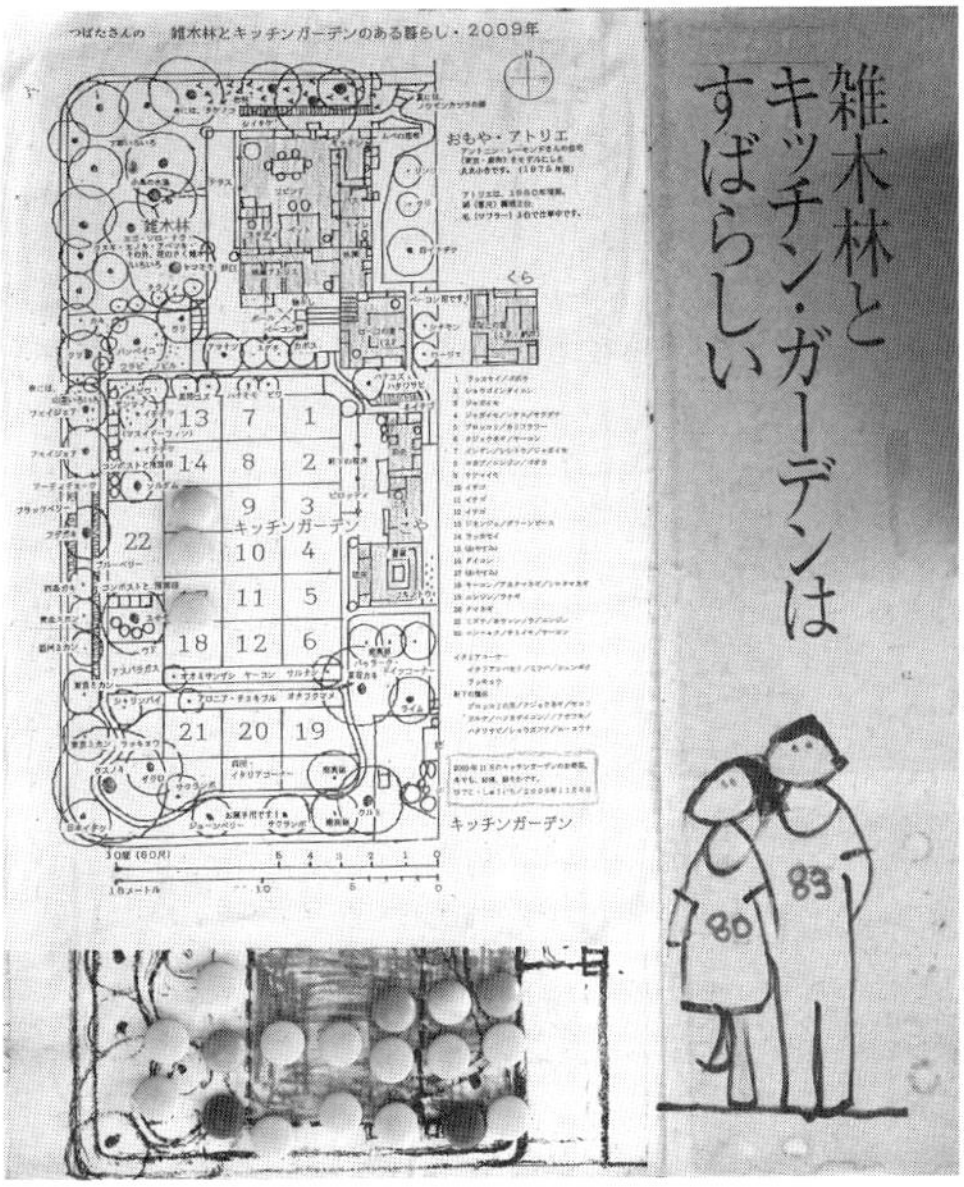

どこに何をまいたか、すぐにわからなくなってしまっていたから。ほんとうに（しゅういちさんが）リタイアして家にいるようになってから、すっかりしゅうたんペースになっちゃって。こちらに相談しないで、あっという間に何でもやりますからね」

「街には森が必要」と主張するしゅういちさんは、雑木林づくりに精を出しました。家の西側30坪のスペースにエゴ、ソロ（アカシデ）、ナラ、クヌギ、ケヤキ、ムクの6種類の雑木を１８０本。はじめはちょぼちょぼとして西日を遮ることもできなかったのが、時をためたいま、ある木は大きく育ち、ある木は植えたときのままで。全体として調和のとれたみごとな雑木林に。

春は新緑、秋は紅葉。夏は太陽を遮ってクーラーいらずの涼しさを、冬は落ち葉と暖かい西日をプレゼントしてくれる雑木林は、つばた家の暮らしを、そうっと包んでくれています。

電子レンジは使わない。冷凍保存しておいた惣菜を温めるときは土鍋で蒸す。コンロのガスは、調理のたびに元栓を開け締め。「消し忘れが怖いでしょ。家の中に火の元があるのが好きじゃないのよ」

もてなして、生かされている

はじめは二人の娘たちと、彼女らが結婚してからは夫婦二人で。落ち着いた静かな暮らしのアクセントになっているのが、お客さまのもてなしです。

娘家族や友人知人はもちろんのこと、60歳を過ぎたころからは、キッチンガーデンでの野菜づくりや晴耕雨読の暮らしぶりなどの取材を受けることも多くなりました。いまでは月に2〜3回は、英子さんご自慢の手料理やしゅういちさん手づくりのベーコンを楽しみに、多くの客人が訪れるようになりました。

「前々から何を召し上がっていただこうか考えて、あれこれ準備して。人様に喜んでいただけるとうれしいし、励みにもなりますね」と英子さん。

キッチンガーデンで採れた旬の野菜を中心に、なじ

初春のある日。今日は、しゅういちさんの手づくりベーコンをメインに、キッチンガーデンで採れた葉もの野菜のサラダやピザなどで、おもてなし。

みのお店で購入した肉や魚を使い工夫を凝らした英子さんの献立は、老若男女を問わず大好評。評判がさらに人を呼び、英子さんのおもてなしにもますます力が入ります。ときには、お料理だけでなく、手織りのマフラーや靴下を記念に差し上げることも。

「大勢のお客さまをおもてなしするのは大変でしょうと、よく人から言われるけれど、そうでもないの。もともと台所のことが大好きだから。ごはんをつくるのも片づけも、いやだな、面倒だなって、思ったことはいちどもないんですよ」

それにね、と英子さんは言葉を継いで、「若い人たちとお話したり、ありがとうと言っていただくたびに、みなさんからどんどん元気をいただいて。おもてなしのおかげで生活に張りが出て、逆に私たちの方が生かされていると感じるんです」。

英子さんの自由になる場所

少々、小さすぎる（？）台所。「男の人は、台所が家の中心だってわかっていないのよね」と、英子さん。収納はスウェーデン製のオープンラックで使いやすく。左はしゅういちさんが書いた台所の設計図。

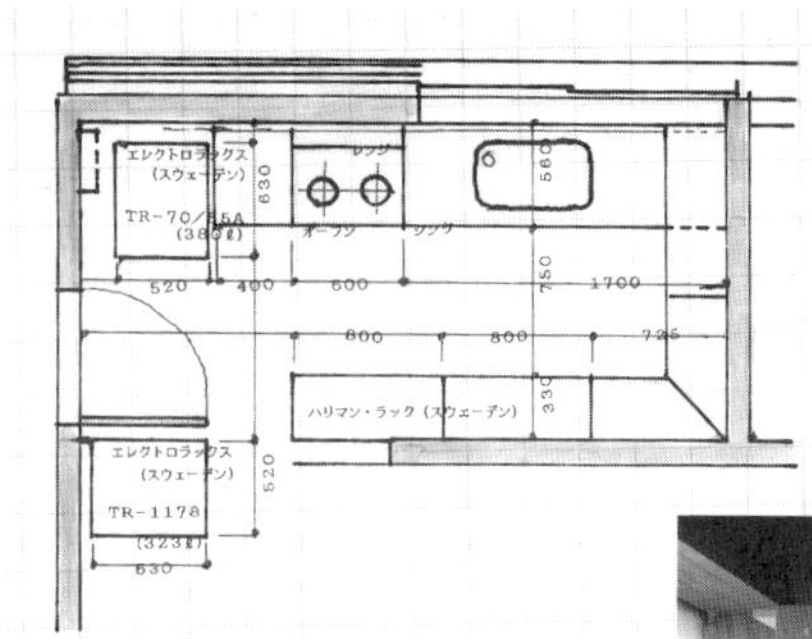

お湯が出ない台所

つばた家の暮らしを中心になって支えているのが、英子さんの台所です。

もともとは、英子さんと娘さんの機織りのアトリエにするつもりで建てた家。台所ではお茶を沸かすくらいと考えていたので、料理好きにしては、かなりこぢんまりとしたスペースです。

失礼ながら、来客を迎えるための、おもてなし料理が生み出される場所とは、とても思えないほど。湯沸かし器もなければ換気扇もなく、もちろん、最新の調理機器も見あたりません。「娘夫婦のお下がり」だという昔ながらの2口コンロのガス台と古いオーブンがデンと鎮座しているだけです。

それでも、英子さんは、「ここだけが唯一、私の聖

なぜか鼻歌が出ちゃいます

お湯が出ない台所では、食器を洗うのにも、ひと工夫。**1**銅の洗い桶に洗剤をためて洗い、それから水ですすぐ。洗剤は、地球にやさしい石けん洗剤。**2**やかんで沸かした熱湯や湯たんぽのお湯を入れて、もう一度すすぐ。**3**洗いかごはないので、洗い上げたらすぐにふいて食器棚にしまいます。そして……、鼻歌を歌いながら作業するのが英子さん流！

1

2

3

換気扇代わりの大きな窓

窓が大きくて明るいのが、英子さんの台所のよいところ。東向きの窓からは朝日が差し込み気持ちいい。窓の向こうには、いちじくの木。

域だから。唯一、私の自由でできるから。あとはしゅうたんが手を入れちゃうし（笑）」と、至極お気に入りの様子です。

空間が小さい分、何をするにも動きまわらずにすむのも、使い勝手のよい理由のひとつ。置いてあるものがすべて一目瞭然のオープン棚は、しゅういちさんが備えつけてくれました。

そこに英子さんは、手に馴染んだ道具だけを厳選して並べています。鍋は土鍋の大中小３つ、それにドイツ製のステンレス鍋。それから、いつも使うお茶セットやお気に入りのかご類等々。いずれも高いところには置かず、小柄な英子さんの手の届く範囲に。

朝一番の生野菜ジュースから始まって、しゅういちさんは和食、英子さんはパン食という朝食、軽めにとる昼食、それから夕食の準備と、英子さんはほぼ一日

小さなスペースも見逃さない

シンク前の窓枠は奥行き20cmほど。配膳台、カウンターなどの代わりに次々と活用。「狭いからね、どんどん片づけていかないと、にっちもさっちもいかなくなる（笑）」

中、この台所と畑とを行ったり来たりしているのです。

「三度の食事のほかに、保存食づくりや、娘家族や孫にあてて送るお惣菜づくり、それからお客さまがいらしたときのおもてなし料理など、台所仕事はいつだって山のようにありますからね」と、どこかうれしそうに英子さんは話します。

そう、英子さんにとって台所は、しゅういちさんや都会暮らしに忙しい娘夫婦の健康を守り、そして孫のはなこさんに、暮らすとは食べるとは何たるかを伝える誇り高き場所。

「この年になって、しみじみ思うんですよ。小さいときも幸せだったし、いまも幸せだなあ、って。だから、せめて次の世代の人たちにこの豊かさを伝えたいな、って。それが、私にとっては台所という場所なのかもしれないですね」

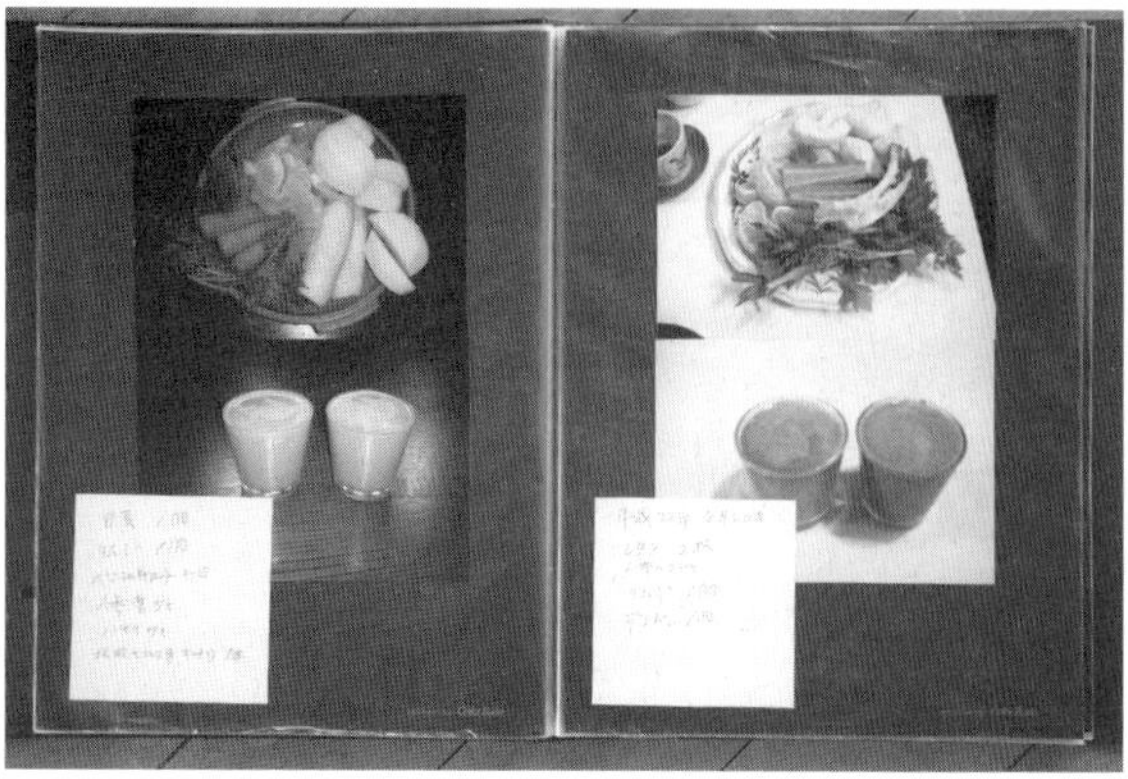

記録その１

英子さんの特製生野菜ジュースも、どんな材料を使ってどんな野菜ジュースができたかの記録を残している。材料によって色が違うのが一目瞭然。そのほかにも、しゅういちさんの手づくりベーコンの記録など、テーマ別にファイリングしている。

記録は歴史

つばた家を訪れると目にするのが、整然と並べられたファイルの数々。それは、時をためてより豊かに幸せになってきた夫妻の暮らしを、こまごまと書き留めてきた、しゅういちさんの記録です。

「記録がきちっと整理されてストックされていくと、人生がだんだん美しくなっていく気がするのです」と、しゅういちさん。

そう、しゅういちさんにとって記録とは、記録することそのものに意味があるのです。

しゅういちさんの整理能力は卓越しており、そのきめの細かさは、さすが建築家ならでは。キッチンガーデンでは、畑に何を植えたか、いつ作業をしたかの記録。家庭生活では、毎日の夕食の献立。誰に何を送っ

これ全部、日々の記録です

リビングの一角に設えた、しゅういちさんのコックピット（書斎コーナー）。床から天井まで、つくりつけの棚にずらりと並んだファイルは、すべてしゅういちさんの手によるつばた家の記録。

たか。おもてなしの食卓のメニュー。それから、しゅういちさんの個人的な日記。いずれもイラストを交えながら、楽しく、ていねいに綴られています。

それら記録の数々は、リビングの片隅に家具で仕切って調えられた〝コックピット〟と呼ぶしゅういちさんの書斎に整然と並べられています。机の左側につくりつけた本棚に、黒い表紙のファイルがずらり。見た目にも美しく、まさに「ここにつばた家の歴史あり」という感じ。

「しゅうたん、あのときのあれは、何でしたっけ？」

英子さんのそんな漠然とした問いにも、サッとファイルを取り出して、「ああ、それはね」と答えてくれるしゅういちさん。意外に大ざっぱな英子さんと、ファイルの表紙ひとつにもこだわる、いかにも〝理系〟なしゅういちさんとの迷コンビ（？）ぶりは、しばし笑い

記録その２

ある年の１年間の食事を写真に撮って残してある。何でもない日常もしゅういちさんの記録の対象に。

を誘います。

　さて、そんなしゅういちさんは、〝男のひとり遊び〟が大のお得意。世間には、リタイアしてからやることがなく、ただテレビを眺めてごろごろしている男性も少なくないと聞きますが、しゅういちさんに限っては、そんな気配はまったくなし。時間がたっぷりあるこの生活を、自由に謳歌しています。

　いま夢見ているのは、タヒチ・クルーズに参加すること。タヒチは、１９９１年、１９９３年とヨットでのクルージングに参加した思い出の場所。「３年後、まだ元気だったら、もう一度行きたいと思っているんだよ」と、しゅういちさんは目を輝かせます。

「タヒチに行くときは、白い船員服を着て、船乗りの甥に買ってもらった船長の肩章をつけていこうかな」と、しゅういちさん。英子さんは、「ふふふ。いくつ

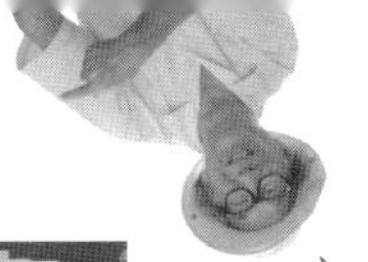

これ、ぼくの楽しいことしか書かない日記

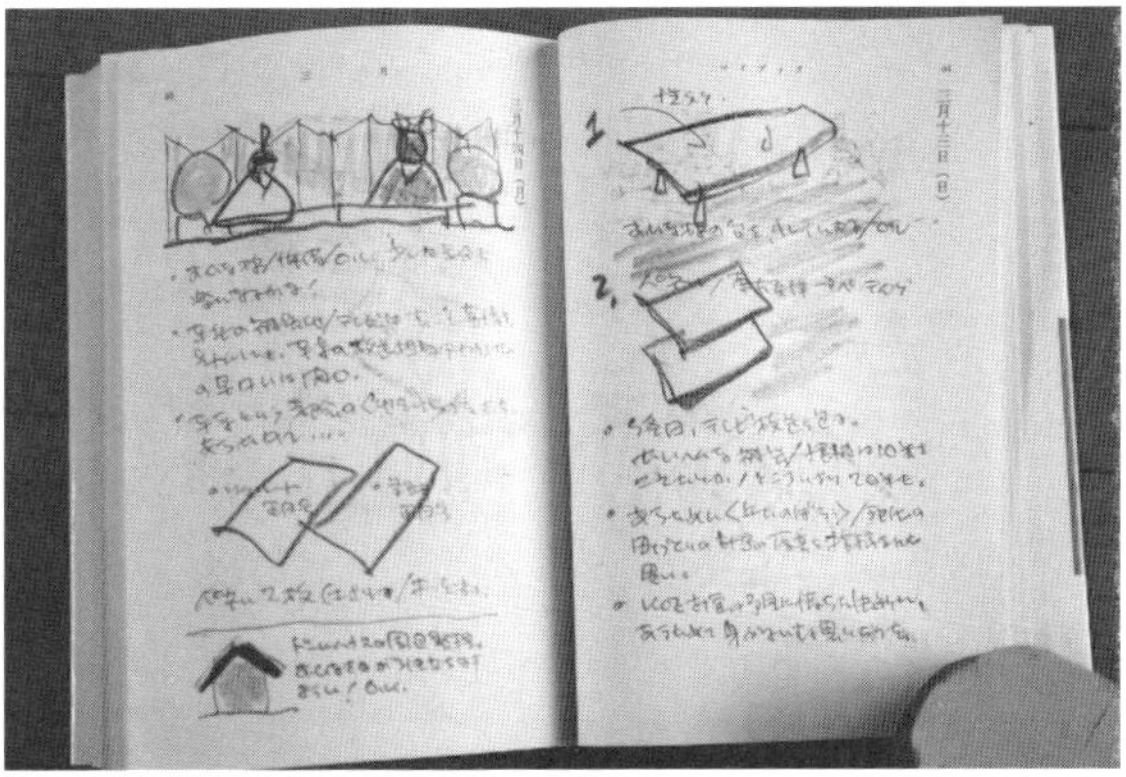

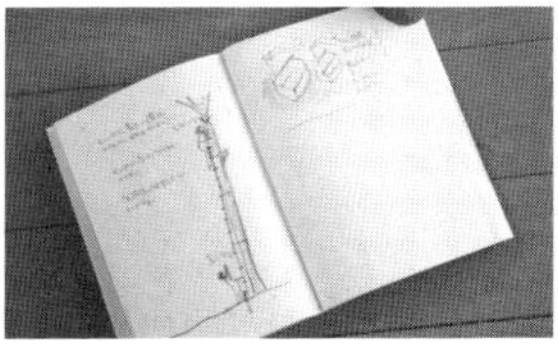

文庫本サイズの日記帳「マイブック20××年の記録」（新潮社）に絵日記を。2001年から書いていて、今年で12冊目。「楽しいことしか書かないと決めているので、ときどき抜けているんだよね」

になっても格好いいことが好きなのね、男の子は（笑）」と微笑みます。

嫁いでから50数年、やんちゃないたずら坊主を見守る母のように鷹揚に、英子さんはしゅういちさんを支えてきたのでしょう。

そのほかにも、先だっての東日本大震災についてまとめたスクラップブックをつくろうだとか、木地挽きろくろを手に入れて器をつくりたいだとか。常にアンテナを張りめぐらせているしゅういちさんの〝男のひとり遊び〟の方向性は無限大。

「まだまだ、やりたいことがいっぱいあるのね。しゅうたんにも、そして私にも」と、英子さん。

この年齢になっても二人はなお、明日へのわくわくする気持ちを持ち続けているのです。

二女のための別荘もすでに設計済み。「長年かけてつくり上げたキッチンガーデン、ぜひ娘たちに伝えたいのよ。これから日本がどうかなっても、これだけの畑があれば、何とか食べていけるでしょ」

キッチンガーデンは止まらない

いま、英子さんとしゅういちさんは年金暮らしで、生活にそう余裕があるわけではありません。サラリーマン時代はしゅういちさんのヨットにお金を注ぎ込んだため、いわゆる老後の蓄えとも無縁。

そんな二人には、「もしも、宝くじに当たったら」実現させたい夢があります。それは、娘二人の〝別荘〟をキッチンガーデンの一角に建てること。すでに場所も決まり、しゅういちさんの手による設計図もできあがっています。

「そんな日が、いつか来たらいいね」と、しゅういちさん。「ほんとにね」と英子さん。36年の時をためて現在の姿になったつばた家のキッチンガーデンは、これからもさらに進化を続けていこうとしています。

夕暮れ時。キッチンガーデンから、丸太小屋を望む。36年前に植えた木が屋根を大きく飛び越えて。右手前の白い建物が増築した娘さんの部屋。

はる

葉っぱにさわる

球根類が花開き、日ごとに暖かくなるこの季節。やわらかな浅緑の若葉が少しずつ緑の深みを増していく春のキッチンガーデンは、そこかしこに生命のよろこびが満ちあふれています。さあ、畑仕事もこれからが本番です！

白い花・赤い実
木いちご

種まき

4月上旬、トマトやズッキーニ、スイートコーンにかぼちゃなど、夏野菜の種をまきます。

まずは土づくり。「これぞ」と選び抜いた材料をザクザクッと混ぜ合わせ、種まきポットに入れたら、種をパラパラッ。すべての作業が流れるように進んでいきます。

しゅういちさんは
名札づくり

キッチンガーデンのテーマカラーである黄色のペンキを塗ってつくった名札に、野菜の名前を書く。「どこに何が植えてあるか、わからなくならないようにね」

英子さんは土づくり

ぬかや砂、土、油かす、燻炭、鶏糞、堆肥を混ぜて土をつくる。「やり方はみんな自分流ですよ、料理もそうだけど。料理は味見できるけど、土のでき具合は野菜に聞いてみないとね」

1か月後

敷地の東側。農作業小屋には、深さの異なるＳＫシンクが２台。泥のついたじゃがいもや大根などを洗ったり、保存食づくりに利用したりといろいろ。

春の収穫

じゃがいもの芽が
少し出てきた。
あ、でも
霜にやられてる

1		
4	3	2

やわらかくみずみずしい春野菜たち。**1**えんどう豆。サッとゆでて、サラダやお寿司のトッピングなどに。**2**いちごが顔をのぞかせて。今年は不作だった。**3**立派に育ったキャベツは蒸してお肉といっしょに。**4**今日の収穫。にんじん、サニーレタス、ごぼうなど。

あら、ウグイスが鳴き出したわね
コマツナ

5月下旬
さくらんぼが豊作

しゅうたん、
枝を少し
払ってください

英子さん、
落ちるよ！

やだぁ（笑）

あっという間に３かごも採れた。「この間、大きな袋に３袋も採れて冷凍したばかりなんですよ。そんなに食べられないから、あとは鳥にプレゼントしようかしら」

4月上旬
花盛り

４月初旬のさくらんぼの木。ソメイヨシノに似た薄桃色の花が満開。木の枝に小鳥が、どこで拾ってきたのかナイロンテープで巣をつくっていた。

「鳥たちのおやつにならないように」と木を覆っていた白いネットを外したら、ルビーのようにつややかなさくらんぼがたくさん！
「今年はたくさんできたわねえ」と笑顔の英子さん。採っても採っても、採りきれない！　ジャムやチェリーパイにでもしましょうか。

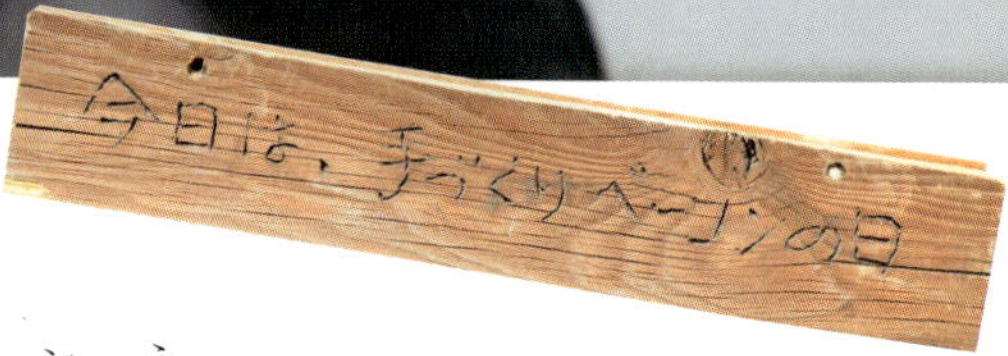
今日は、手づくりベーコンの日

春のおもてなしの定番は、しゅういちさん特製の手づくりベーコン。試行錯誤の末、設らえたレンガづくりの炉に炭を入れ、豚の三枚肉を吊り、サクラやローリエのチップでいぶします。時折チップを取り替えますが、あとは特段することもなし。飲みながら、語らいながらの〝男のおもてなし〟。早くもいい匂いが漂ってきました。

SMOKED PORK

炉のふたには「SMOKED PORK」の文字をペイント。見た目も大切にすると暮らしが充実する。

1

2

3

4

5

煙突のような形の炉は、しゅういちさんのお手製。「これ、８段にしたり５段にしてみたり、いろいろ積み替えてみたんだけど、７段がいちばんよかった」と、レンガの積み方にもこだわりあり。スタートしてからできあがるまで、トータル２時間。

＊つくり方は60ページ

6

7

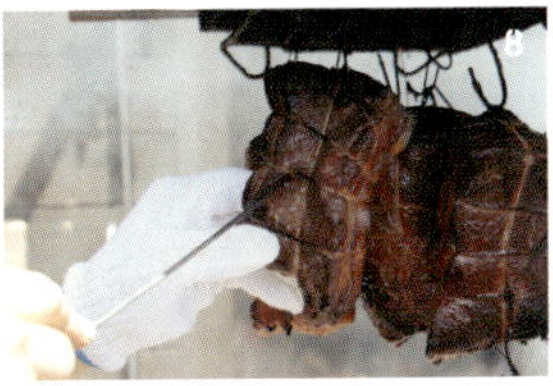
8

9

いただきます！

朝採れよもぎ

つばた家では、月に１回、お餅をついている。
今日は、よもぎを混ぜて草餅をつくります。

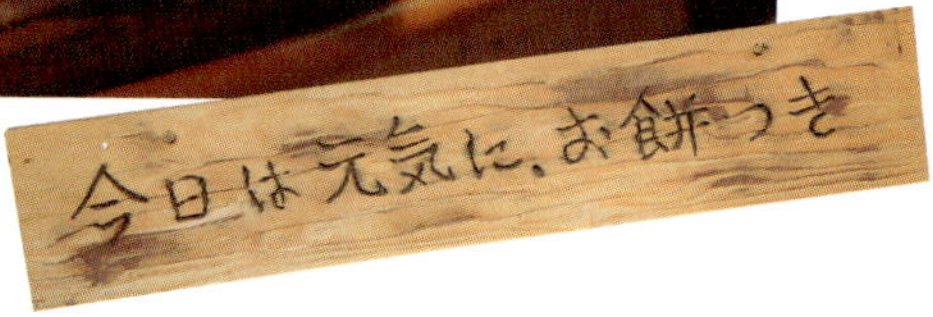

1 もち米を蒸します

2 石臼を水に浸します

3 よもぎを刻みます

4 いざ、お餅つき！

英子さんがしゃもじでかき混ぜ、しゅういちさんが杵でつく。重たい杵を軽々と頭の上まで振り上げて。ついて、混ぜて、ついて、混ぜて。絶妙なコンビネーション。

5 ついた餅を成形します

6 小分けにしてお裾分け

東京の娘や孫娘、友人に餅を送る。「楽しみにしてくれているからね。励みになりますよ」

いちご三昧

ショートケーキの飾りつけに使ういちごは、グラニュー糖をかけて冷凍しておいたものを使用。「それにしても、この冷凍いちごはおいしいねえ」としゅういちさん。

ショートケーキ

いちごジャム

○つくり方

いちごを土鍋に入れ、グラニュー糖をいちごがかぶるくらい入れて火にかけたら、ふたをして強火で一気に煮る。ぶくぶくと出始めた泡を、器にすくって取り置いておく。いったんいちごの赤みが抜け、実が白くなり、もう一度赤くなるまで煮たら、器に取り分けておいた泡を加える。味を見て、レモン汁などを入れ、だいたい1時間くらいでできあがり。

春のお楽しみのひとつがいちご。スーパーなどでは、12月頃から店頭に出まわりますが、本当の旬は5月頃。東京の孫〝はなこさん〟が待ちかねているので宅配便で送ったあとは、食後のデザートにも毎食。残りはお砂糖を振りかけて、冷凍保存。取り出してはお菓子づくりに使ったり、ジャムを煮たり、長く楽しみます。

春のおもてなし

「春は家の地もの野菜がふんだんに使える、いちばんいい季節」と英子さん。今日は、なじみの魚屋さんで購入したハモを使ったちらしを中心に、キッチンガーデンで採れたたらの芽や三つ葉、グリーンピースなどを使った料理が並びます。春の香り満載の食卓に、会話も弾みます。

（右上から時計まわりに）牛肉のたたき、畑で採れた薬味をのせて。ハモちらし、ポテトサラダ、たけのことグリーンピースの煮もの、小いかのいか飯。「牛肉のたたきは、何にのせよう。ざくろのお皿、出そうかしら」。器が大好きな英子さん、盛りつけるお皿選びもお楽しみのひとつ。

しゅういちさんの絵手紙　春のある日

おもてなしを受けた客人は、後日、しゅういちさんからこんな絵手紙を受け取る。楽しい思い出がより鮮やかに蘇る、粋な計らい。これは右ページ「春のおもてなし」の様子。

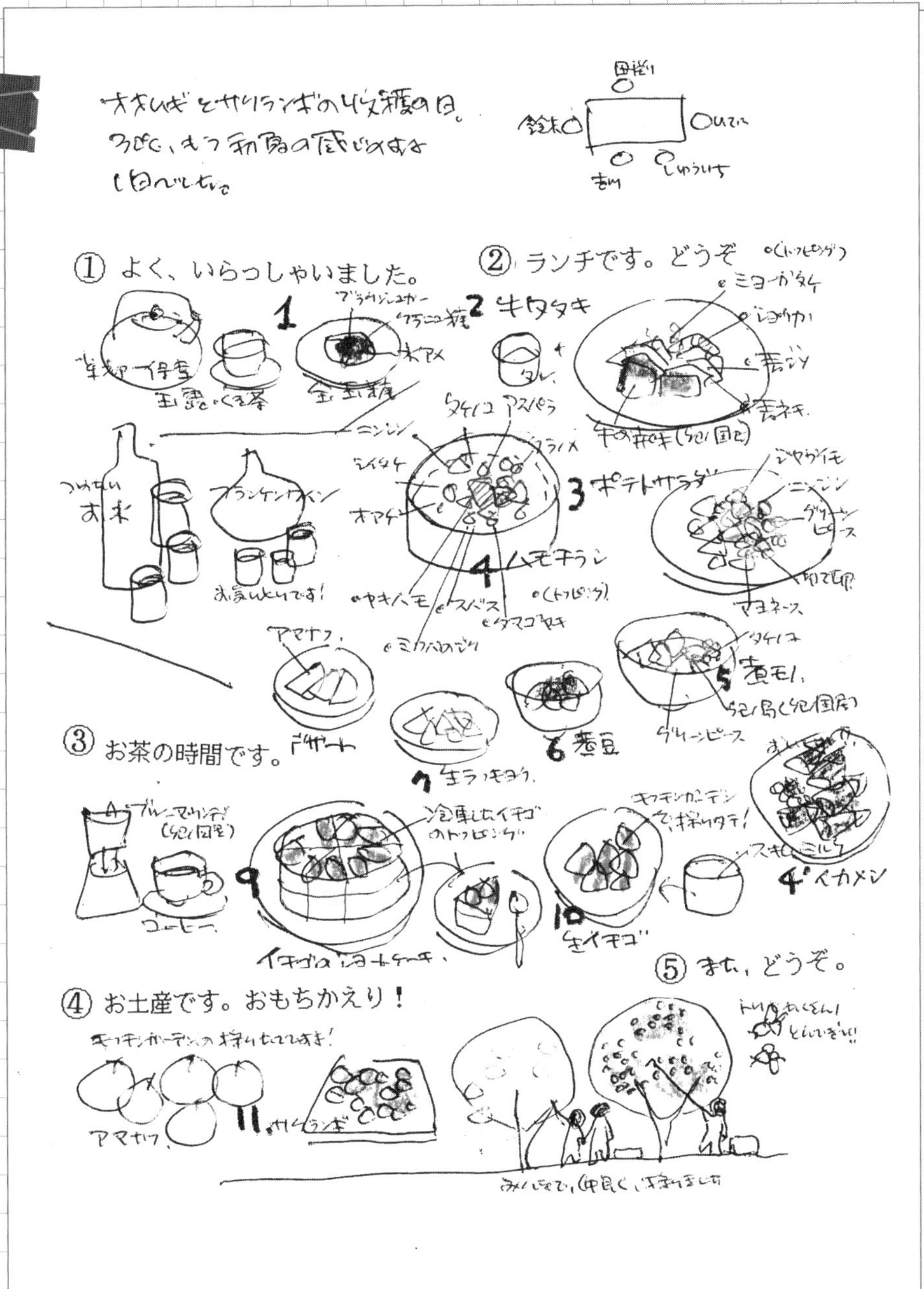

小春日和に暮らす知恵

家の中や庭のあちこちに、しゅういちさん手づくりの伝言板や旗が。ときにイラストも添えて。

イラスト入りの旗は「畑の土を掘り起こしてください」「終わりましたよ」の合図。英子さんが該当の区画に旗を挿しておくと、しゅういちさんが作業をし、終わったら旗を挿して知らせる仕組み。

伝言板の活用

お互い多くは語らないのに、阿吽の呼吸で、何だかいつもスムーズに暮らしがまわっている。英子さんとしゅういちさんの間には、50数年連れ添った夫婦ならではの、穏やかな空気感があります。

「けんからしいけんかって、したことないの。けんかって、後味悪いでしょ。だから、たいていのことは、まあいいか、って。私、波風立てるのは嫌いだから。小春日和が好きだから」と、英子さん。

一方で、商売人の家に育ったせいか、ぽんぽんとものを言うくせがある英子さん。東京育ちのおっとりとしたしゅういちさんを、ときにきつく感じさせてしまうこともあるそうです。そんな夫婦の仲をうまく取り持っているのが、しゅういちさん手づくりの伝言板。

「つい、うっかり」を防止するためにつくった木札の伝言板。整った活字体は、テプラで文字を打ち、それを拡大コピーして木札に転写、電気ごてでなぞった。「見る人も、慣れた書体のほうが見やすいと思ってね」と、しゅういちさん。

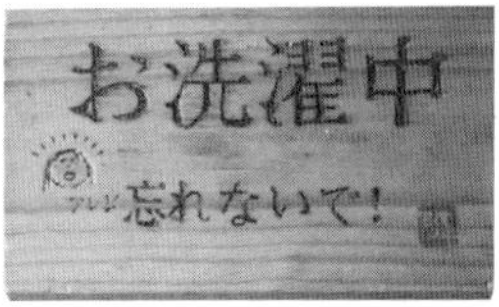

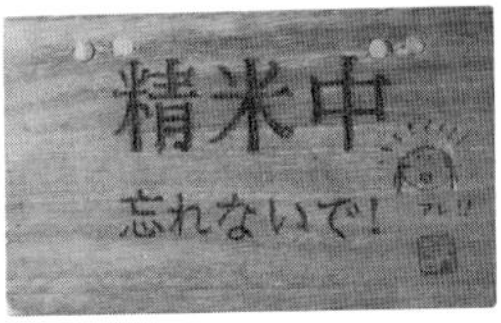

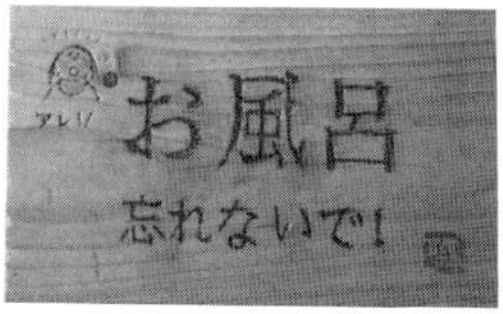

「お洗濯中／忘れないで！」という木札をひっくり返して裏を見ると、そこには「『水を出しっぱなしにしてどこに行ったの？』といわれて『すみません！』／そうなりませんように！」と書いてありました。

「伝言板はね、夫婦の間にすきまをおくための工夫なんですよ。夫婦はすきまがないとダメなんですね」と、しゅういちさん。英子さんも「これがあると、言う方も言われる方も、嫌な思いをしなくてすむでしょ」。

なるほど。穏やかに、それでいて必要なことはピシッと伝えられる伝言板。口うるさくすれば空気が悪くなってしまうけれど、こうした〝すきま〟をうまく使えば、夫婦の仲はいつも小春日和でいられるというもの。そう、伝言板の活用は、ひょうひょうとしている風でも実は繊細な感性を持っている、しゅういちさんならではのコミュニケーション術なのです。

農作業小屋の軒下や棚の角、木の枝など、「つい、頭や腕をぶつけてしまいそうなところ」にも、しゅういちさんお手製の「注意マーク」が。目に入るように目立つ色で塗られ、ユーモラスな文言で注意を喚起している。

農作業小屋の中に、餅をふかすときやゆべしを蒸すときなどに使う大きなコンロがある。火をつけたまま、忘れてしまわないように。

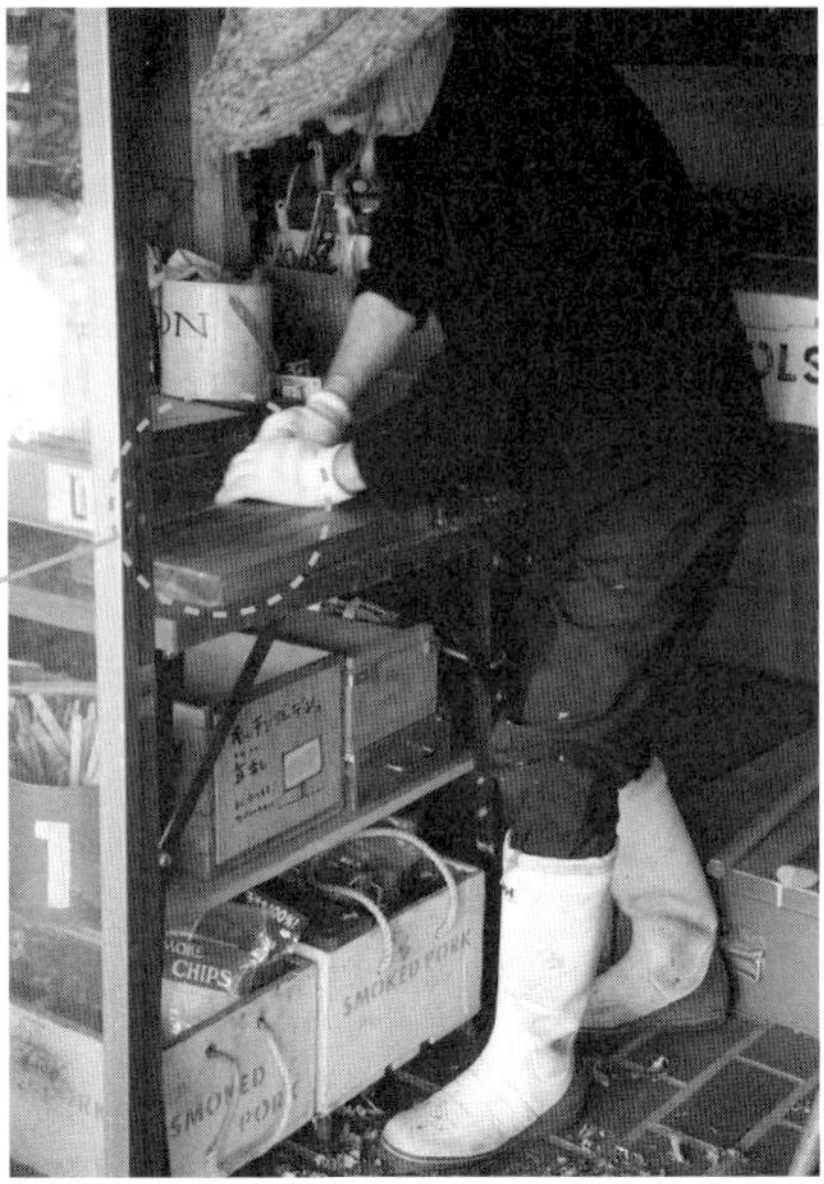

まな板を削ります

英子さん愛用のサワラのまな板を削るしゅういちさん。「汚れてきたなと思ったら、すぐにしゅうたんが削ってくれるんです」。実はかつおぶし削りだそう。

得意なことを担当

50数年の歳月に甘えず、仲よくするための努力を怠らない英子さんとしゅういちさん。性格は全然違いますが、だからこそ、暮らしがうまくまわっている部分がたくさんあります。

英子さんは、よい意味で大ざっぱ。長年、主婦をしてきたからこその大胆な目分量・手加減で、ざくざくっと家事や畑仕事を進めます。

「料理をするときにいちいち、調味料を量って入れたりしないわね。おしょうゆなんかも、これくらいかなって、とぷとぷっと入れちゃうのよ（笑）」

ケーキをつくっていて、どさっと砂糖をかけてまわりにこぼれてしまっても「ま、拭けばいいでしょ」と涼しい顔。

しゅうたんが
いなくなったら、
困るねえ。
何がどこにあるか、
わからないじゃない？

しゅういちさんは、きめこまやか。その緻密さを生かして、家全体のデザインから、英子さんの畑仕事のサポート、書類や手紙類の管理、記録、整理整頓などを担当しています。

そうそう、宅配便の荷造りもしゅういちさんの仕事です。月に数回、キッチンガーデンで採れた野菜や果物、英子さん手づくりのジャムやパイ、お惣菜などを娘夫婦や友人知人に送るのですが、しゅういちさんはまず、「誰に、何を、いくつ」という表をつくってから取りかかります。

「私だったら、適当に入れちゃうのに」と笑いながらも英子さんは、ガムテープの貼り方ひとつにも工夫を凝らし、見た目にも美しいしゅういちさんの荷造りの技に感服している様子。

リタイア前は世の多くの男性と同じく家事に手を出

しゅういちさんは、洗濯物を干すのがすばらしく上手。ピシッとしわを伸ばし、きれいにピンチで留めて。同じ形、同じ大きさのものを並べて干すなど、見た目にも美しく。

すことはなかったけれど、いまは気軽にあれこれ手伝ってくれるようになったというしゅういちさん。お客さまのときは、洗い物をしてくれることも。また、いつのころからか毎日の洗濯は、しゅういちさんがやってくれるようになりました。

「しゅうたんは、朝と昼、洗濯するでしょ。私ならためて1回にするけど（笑）」

「そんなこと言って（笑）。何でも使ったらすぐに洗濯機に入れて。自分で洗わないからって（笑）」

そんな軽口をたたき合いながらも、英子さんは、しゅういちさんの思いやりがうれしそう。

「しゅうたんは、いつも仕事を見つけては何かやっていますね。性格がまめなのね。それで、あんまり動きすぎるから疲れちゃいけないと思って、精をつけるためにときどき、お昼にお肉焼いて食べさせるでしょ。

取り込んだ洗濯物をたたんでしまうのも、しゅういちさんの役目。ヨットマン時代に培ったパッキング術を駆使して。

しゅうたん？　マメですよ、
言わなくても自然にやってくれます。
しょっちゅうゴソゴソしてますよ。
子年と丑年と半々。
よく働いて、よく寝る（笑）

そうしたら、『ステーキ食べさせてもらったから、頑張ります』なんて言って、午後からもまた働くんですよ。少しはゆっくり休んでくれてもいいのにねえ」

朝食のメニューもばらばら。英子さんはパン食。しゅういちさんは、ごはん食。加えて海苔や納豆や佃煮などのたくさんの副菜。「しゅうたんは、ごはんが好きだから。朝から２膳も食べるんですよ」

強要しない

つばた夫妻の間には、「お互い、何ごとをも強要しない」という暗黙の了解があります。

たとえば、英子さんは、野菜が苦手なしゅういちさんに無理に食べさせようとはしません。

「残すほうも嫌だと思うのよ。だからしゅうたんには、『好きなものを食べて』って言っているの。嫌いなものを無理に食べることないから」と、毎回、しゅういちさんの好みに合わせた食卓を整え、足りない栄養素は毎朝の生野菜ジュースで補うなど、工夫します。

「女性は男性に仕えるのが当たり前だと思っていましたからね。そう育てられたのでね。こんなことは何でもありませんよ」

一方、しゅういちさんも英子さんのすることにいち

「しゅうたんは、鶏は食べないし、魚も骨のあるものは食べないし。なんか、子どもみたいでしょ（笑）。甘夏にもお砂糖が必要だし」と、英子さん。「おやつは、おせんべいが好きね」。つい、たくさん食べすぎてしまうから、「ちょっとだけよ」。

いち口出しすることはありません。英子さんが何かを買いたいと言えば、「どうぞ」。何かをしたいと言えば、「いいね」。昭和の時代の男性らしく亭主関白な一面を持ちながらも、しゅういちさんは、どこかジェントルマンなのです。

「しゅうたんは、ほんと何にも言わないんですよ。何をしようが、何を買おうが。思えば、これまで好きなようにやらせてもらってきました。ありがたいことですよね」

結婚して50数年経つうちには、波も風もあったに違いないのに、それが一切感じられないほどの仲のよさ。それは、英子さんとしゅういちさんがそれぞれのやり方で、相手を思いやってきたからでしょう。

しゅういちさんのベーコン

しゅういちさんお得意の男の料理、〝ベーコン〟。焼いているときのいい匂い、焼き上がるまで待つ時間の楽しさ、焼きたてのベーコンのおいしさ。しゅういちさんのレシピを紹介します。

ベーコンのつくり方・焼き方

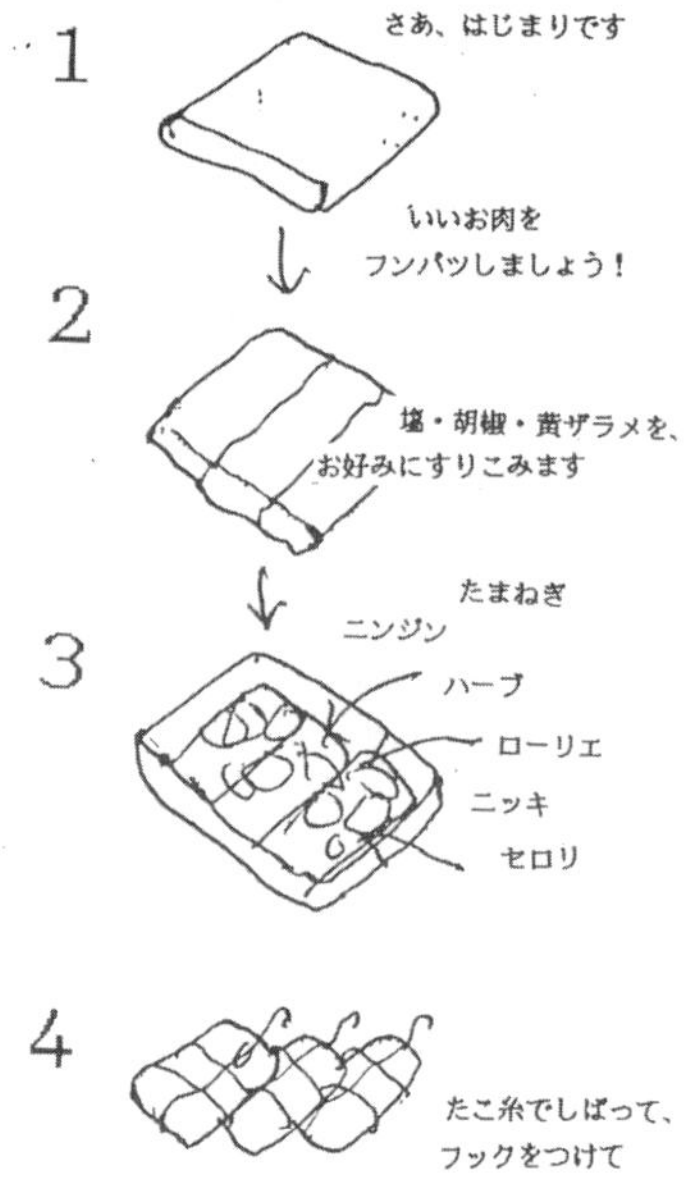
1
さあ、はじまりです
いいお肉を
フンパツしましょう！
2
塩・胡椒・黄ザラメを、
お好みにすりこみます
3
たまねぎ
ニンジン
ハーブ
ローリエ
ニッキ
セロリ
4
たこ糸でしばって、
フックをつけて

【準備】

1　4日～1週間前
「ベーコンを焼きますから」と、肉屋さんに注文。豚の三枚肉の脂身の少ないところを買い求めます。

2　下ごしらえは、ベーコン焼きの3日前から。三枚肉はベーコン炉に吊るせる大きさに切り分けます。そして塩、こしょう、黄ザラメをよくまぶして、すり込みます。

3　それを香味野菜（たまねぎ、にんじん、ハーブ、ローリエ、ニッキ、セロリ）でくるんで、ほうろうバットに入れ、重しをかけて、三日三晩、冷蔵庫で貯蔵します。

4　焼く当日。焼く直前に、3の肉を水洗いし、たこ糸でしばって、吊り金具をつけて準備は終わりです。

つばた家の味

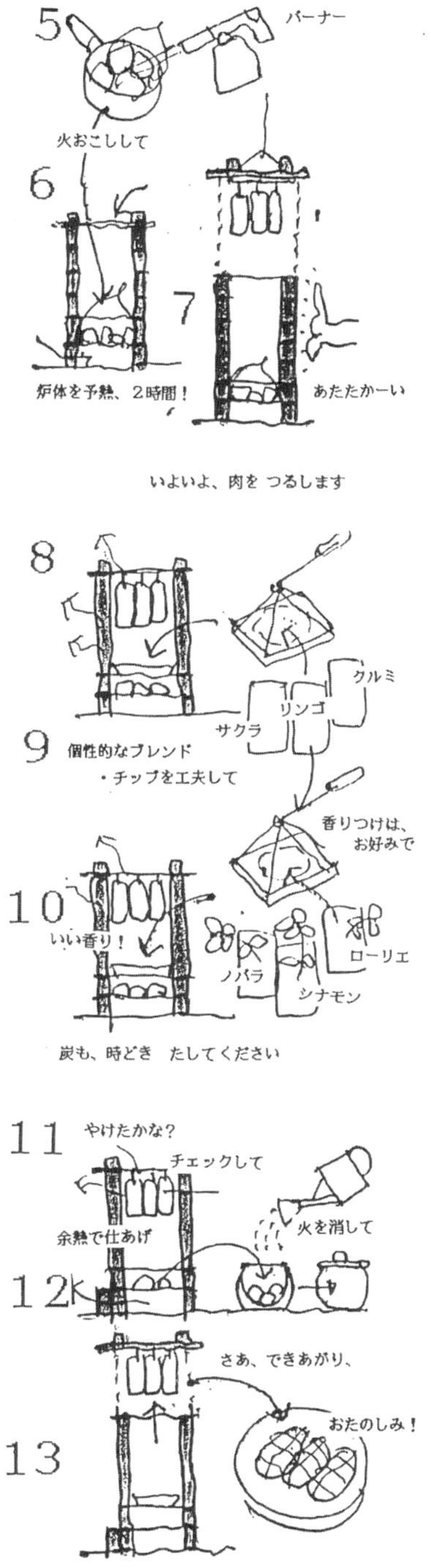

【焼き方】

5 炭を火おこしに入れて、バーナーで着火します。団扇であおいで十分に発火させたら、炉に入れます。

6 そこに炭を継ぎ足して、十分に火がついたら、チップ皿を入れ、ふたをして、2時間ほど炉全体を予熱します。

7 さあ、肉を吊るしましょう。脂身を炉壁側に向けて、肉と肉、肉と壁が接触しないように、ご注意。

8 次に、スモークです。チップ皿にお好みのチップを盛ってください。

チップは、サクラ、ヒッコリー、クルミ、リンゴなど、いろいろのものが市販されています。

9 1種類でも、また2種類以上をブレンドしても結構です。自分流を工夫してください。私たちは雑木林のクヌギのチップも自作して利用しています。

10 チップの交換は、15～20分ごとに。チップが黒くなったら交換です。3回目からは香味をつけるために、ローリエ、シナモン、野バラなどの枯れ葉を加えます。

11 さあ、ベーコンらしくなってきました。肉を吊るしてから1時間半程度経ったら、もうすぐ仕上がり。竹串でお肉を刺して通ればOK。

12 そこで火落とし。炉の炭はすべて消壺に入れ、水をまいて鎮めます。あとは仕上げの余熱焼きを15分ほど。これでできあがりです。

13 旬のベーコンは温かいうちに切って食べましょう。何とも絶妙なお味です。後始末もきちんとしましょうね。

しゅういちさん手づくりの炉。「８段にしたり、５段にしてみたり。いろいろ積み替えてみたんだけど、７段がいちばんよかった」。レンガと針金でつくれます。

炉のつくり方

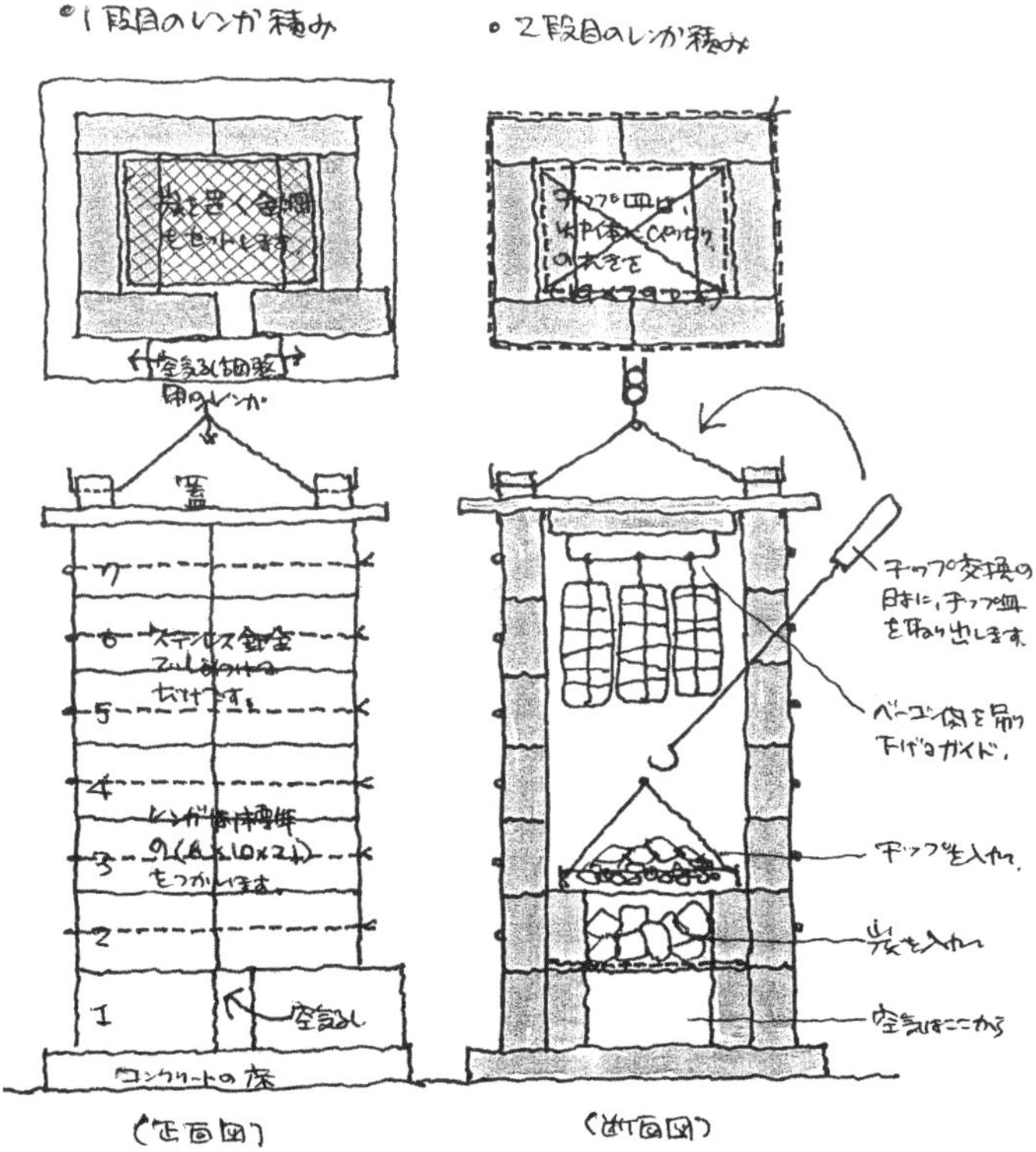

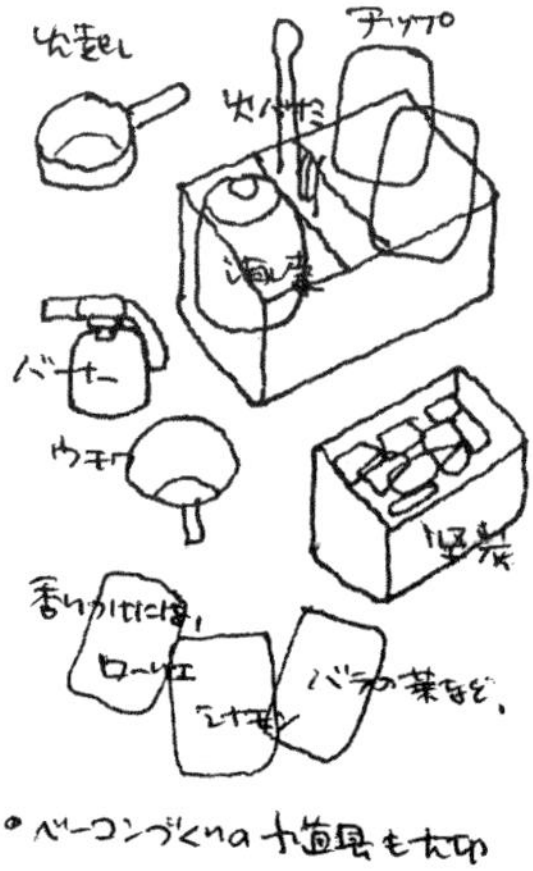

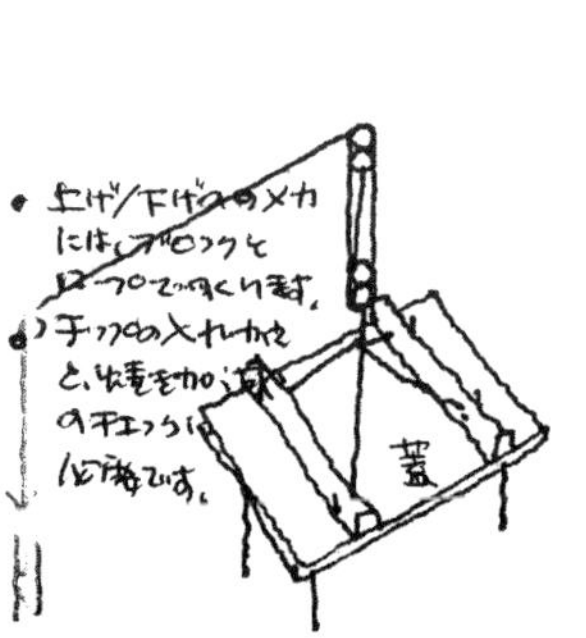

ベーコンを待つ間に

大中小の椅子が３つ。何に使うの？

しゅういちさんがやってきました

座って炉の様子を見ています

30分後

15分後

ベーコンが焼き上がるのを待つ間、椅子に座ってくつろぐしゅういちさん。「15分ごとにチップやローリエを取り替えるだけで、あとは待つのが仕事」

つばた家の
キッチンガーデンと
雑木林

はる

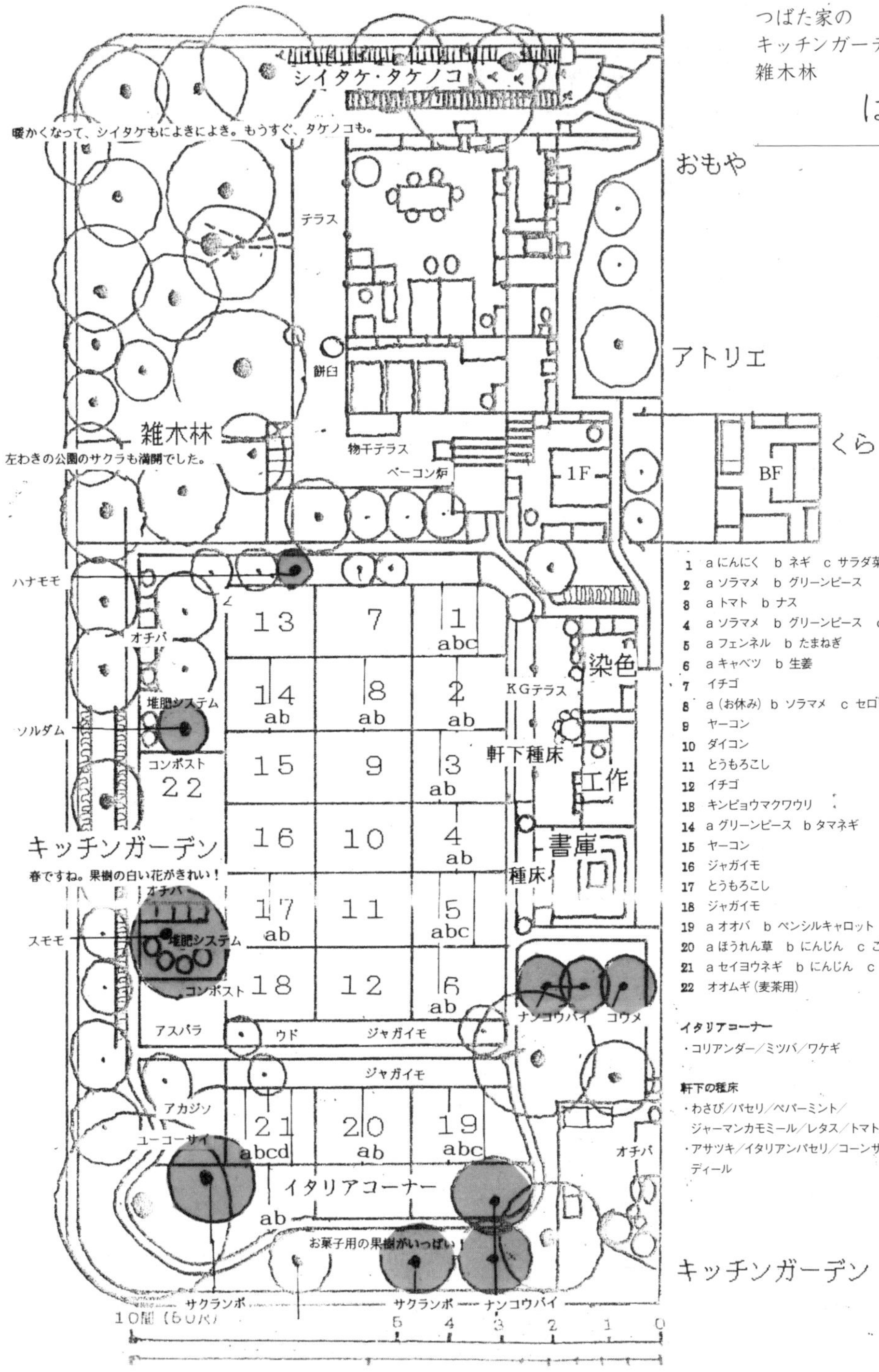

1 a にんにく　b ネギ　c サラダ菜　d にんにく
2 a ソラマメ　b グリーンピース
3 a トマト　b ナス
4 a ソラマメ　b グリーンピース　c ナス
5 a フェンネル　b たまねぎ
6 a キャベツ　b 生姜
7 イチゴ
8 a（お休み）b ソラマメ　c セロリ
9 ヤーコン
10 ダイコン
11 とうもろこし
12 イチゴ
13 キンピョウマクワウリ
14 a グリーンピース　b タマネギ
15 ヤーコン
16 ジャガイモ
17 とうもろこし
18 ジャガイモ
19 a オオバ　b ペンシルキャロット　c ネギ
20 a ほうれん草　b にんじん　c ごぼう
21 a セイヨウネギ　b にんじん　c ゴボウ
22 オオムギ（麦茶用）

イタリアコーナー

・コリアンダー／ミツバ／ワケギ

軒下の種床

・わさび／パセリ／ペパーミント／
ジャーマンカモミール／レタス／トマト／ハブ茶
・アサツキ／イタリアンパセリ／コーンサラダ／
ディール

なつ

シエスタは欠かせない

太陽が照りつける夏のキッチンガーデンは、暑くて暑くて、日中はとても仕事になりません。そこで畑仕事は朝の5時から。「朝4時に起きて、バナナでも食べてから仕事してそのあと朝食。昼はお昼寝でもするしかないわね」

1
SEIKO
HIDEKO 1980

“麦茶”です

昨年の秋にまいた大麦が背丈ほどに伸びてきました。穂先が黄色く染まってきたら、いよいよ刈り入れ時です。

「はなこが毎年、楽しみにしている麦茶だからね」と、英子さん。

収穫

抜けない
抜けない
手で
抜けないかな？

スコップ
いるよね
スコップ
なくても
穫れるよ

手でやったら
体にくるからね

「今年はあんまり出来がよくないわね。春が寒かったからかしら？」と、残念そうな英子さん。「鳥にもやられちゃったしね」としゅういちさん。これ以上鳥に食べられないように、今年は少し早めに収穫した。写真のラッパは、鳥を追い払うためのもの。

脱穀

このあと、天気のよい日に洗って干します

「こうして揉みほぐして扇風機で飛ばすと、余分なもみ殻がなくなるんだよ」。脱穀して洗って天日干しした大麦は、瓶に入れて保存。

焙煎

中華鍋を熱し、大麦をカラ煎りして麦茶をつくる。火にかけるとみるみる茶色が濃くなる。「いつも家中が煙だらけになっちゃうのよ」

できあがり！

少し早めに収穫した大麦は、穂先が完全に黄色くなるまで干してから脱穀。ぱらぱらになった薄茶色の大麦を濃いこげ茶色になるまで平鍋で炒れば、夏いっぱい楽しめるおいしい麦茶のできあがり！「さっそく、はなこに送ってやらなきゃね」。いそいそと、しゅういちさんは宅配便の準備に取りかかります。

夏の漬けもの

パイナップルのビネガー漬け

毎年、沖縄・石垣島から送ってもらうパイナップルは極上の味。生で食べるほか、ワインビネガーに漬けて保存し、お菓子づくりなどに使用。

らっきょうの甘酢漬け

キッチンガーデンで採れたらっきょうは毎年、甘酢漬けに。大量に漬けて、一年中楽しむ。英子さんのらっきょうが送られてくるのを楽しみにしている友人知人も多い。

＊つくり方は95ページ

梅干し

つばた家の夏の朝の食事に欠かせない梅干し。

「庭の南高梅を収穫しておいたの。まだ少し青いんだけど、今日これから漬けてしまいましょうか」

英子さんの梅干しは、大量に漬けても1年でなくなる人気もの。今年もおいしくできますように！

もちろん毎年、英子さんの手づくり。今年はテレビの料理番組で覚えたつくり方を試してみた。

○つくり方

黄色くなった実を収穫し、塩漬け（梅の量の８％）する。しそを塩でもみ、２回ほどアクを捨てて、塩漬けして出てきた梅の汁と合わせる。土用まで１か月近くあるので、カビがこないように毎日、ひっくり返す。夏になり、天気予報を見てお天気が３日ほど続くようなら、ざるに並べて外で三日三晩干す。

キッチンガーデンの真ん中で、三日三晩干し上げる。夕立にやられないように見守るしゅういちさんのおかげで、今年も何度となく難を逃れた。

夏の収穫

背丈ほどに伸びた野菜や草花。通り抜けるのも難しいほどジャングル化した夏のキッチンガーデン。日中の陽差しを避けて、早朝あるいは夕方、畑仕事に勤しみます。

「あらっ！　大根がはじけちゃってる。一日でも長く置いておくとだめね。本当に、夏の畑は待ったなし」と英子さん。

　トマト、なす、きゅうりなど夏野菜を収穫したら、次は冬野菜の苗を植える準備を始めます。

「狭いから順番にまわしていかないと、間に合わないのよ」

1みょうがと、ポリポリッといきたい土佐しょうが。**2**ライム。今年、久しぶりに実をつけた。**3**セミの抜け殻を発見。春先が寒かったせいか、表に出てくるのが遅かった。**4**煮込み料理に使うイタリアントマト。**5**メロンの先祖、キンショウマクワウリ。「夏のおやつに最適なのよ」**6**ハブ茶にするハブソウ。つばた家では、麦茶のほかハブ茶を愛飲している。

家具の配置も風通しがよいように替え、過ごしやすく。**1**青い網戸が懐かしい窓の外には簾を垂らした。**2**室内は障子から葦戸に。真夏の陽差しをいい具合に遮ってくれる。**3**ガラス製の食器。**4**ベッドには白のキルトと、見た目にも涼しげ。**5**い草の座布団。

夏支度

自然に寄り添って暮らすつばた家では、夏の始まりには、家の中のしつらえも夏用に替えます。

窓の障子を葦戸に替えて、食器棚に並べた陶器をガラスの器に入れ替えて、寝具もウールから麻に。「不思議なもので、部屋の空気までひんやりとしてくるんですよ」

英子さんの器

英子さんの食卓は、料理のおいしさだけでなく合わせる器もすてきなのが特徴です。

「私が好きで買うのは器くらい。本物のお道具が欲しくて、若いころから、ひとつずつ少しずつ、いいものを揃えてきました」

そうして集めた器は、娘さん二人が結婚するときにほとんど持たせてしまったけれど、いくつかお気に入りが英子さんの手元に。

「娘と私は好みが違うみたいで、娘から『これいらない』って戻ってきたものもあるの（笑）」

7	4	1		
8	5			
9	6	3	2	

1・**3**ジノリのデミタスカップとデザート皿。「はなこが生まれてから、ソニーの通販で揃えたの」**2**左はヘレンドのローズのカップ。「これ好きなの。娘にあげたんだけど、いま使わないって戻ってきちゃった」。右は「マイセン。しゅうたんのイニシャル入りよ」。**4**「しゅうたんが仕事でスペインに行ったときもらってきた」**5**木目が美しい円形の重箱。**6**九谷焼。「私が結婚して初めて買ったの。桜餅をのっけようと思って」**7**「京都で買った」角皿。**8**砥部焼。「松山に旅行中、街を歩いてたときはあんまり気に入るのがなくて、最後、空港で見つけて買ったの」**9**京都の個展で買った作家物。「お花の模様が気に入って」

ちなみに、英子さんが好きなのは、砥部焼など、重たくてがっしりした民芸風のもの。
「これからも、いいものだけを少しずつ揃えていきたいですね」

もてなす日の朝食

朝7時半。客人が到着するなり、「おはようございます。さあ、朝ごはんをどうぞ」と、さわやかな笑顔の英子さん。ふだんは質素な朝食ですが、今日は特別にごちそうです。今朝の主役は、キッチンガーデンで採れたとうもろこしの炭火焼き。庭先にしつらえた七輪で、しゅういちさんが焼きました。「炭火だから、遠赤外線効果でおいしくなりますよ」

食卓には焼きたてのとうもろこしのほか、採れたて野菜とチキンのサラダやパン類、デザートがずらりと並んでいます。

炭の遠赤外線で
おいしくなるよ

4	2	
5	3	1
7	6	

1ガラスの器でコーディネートされた食卓。**2**パンやパンケーキには手づくりのいちごジャムを添えて。**3**採れたての完熟青トマトのサラダ。オリーブオイルと塩をかけて。**4**蒸し鶏とアボカドのサラダ。レモンを絞って。**5**桃のコンポート。**6・7**とうもろこしを焼く台もしゅういちさんの手製。つばた家カラーの黄色でペイント。

夏のおもてなし

暑気払いも兼ねて、今日の主役はローストビーフです。3日前から漬け込んで準備してきました。「さあさ、たっぷり召し上がれ」と英子さん。「たまにはいいよね」と、しゅういちさんは、とっておきのシャンパンをしゅぽんとあけて。今日の集いに「乾杯！」

肉厚のローストビーフに、英子さん特製のデミグラスソースをかけて。添えられたポテト、そら豆、にんじんとグリーンピースのグラッセも美味！

＊ローストビーフの作り方は154ページ

しゅういちさんの絵手紙　夏のある日

暮らしを渡す

つばた家の入り口に、シーサーの置物がちょこんと。こんな細かいところにも気持ちが行き届いている。

「しゅうたんが苦手だから」外食はほとんどしない。お気に入りのこの食卓で、三度三度の食事を味わう。食事のときはテーブルクロスを欠かさないのも英子さんの美学。「色は白と決めているの」

味覚をため込む

「私も年をとって、だんだん母の味に似てきました。いつだったか兄や弟が『英子がつくったものは、おふくろさんの味でおいしいな』って。こうして味覚はつながっていくんですね」と、英子さん。

英子さんが子どものころ、お母さんは、パンから何からすべて手づくりしてくれていました。そして、「食べるものは、生きていくうえでいちばん大切よ」と教えてくれました。

そんなお母さんのもとでため込んだ味覚は、いまも英子さんの中に健在です。

「料理の本もたまには見ますけど、たいていは母の味を頼りに、自分流でやっていますね」

小さいときにため込んだ味覚は、いつまでも忘れな

もう少し、
きゅうりに
お塩したほうが
よかったね
でもおいしいよ
カニときゅうりの
和えもの
ある日のお昼ごはん。突然の来客に「何にもなくて」と言いながら、
焼き魚や酢のものなど、いくつものおかずをササッと。

い――身をもってそれを実感している英子さん。孫のはなこさんが生まれてからは、ぜひとも彼女にその味覚を伝えていきたいと考えました。

「娘夫婦は東京で暮らしているのですが、都会の暮らしはせわしくて。主婦でも出かける用事がいっぱいあるから、やむを得ず食事の準備に手抜きが始まるのが心配。そこで、下ゆでしてすぐに役立つ野菜や、そのまま食べられる煮ものなどのお惣菜を定期的に送ってやることにしたのです」

キッチンガーデンで採れた〝ほんものの野菜の味〟や手づくりの〝おばあちゃまの味〟が、いっぱいに詰まった宅配便。今年21歳になるはなこさんが幼稚園に通い始めたころからですから、もう18年以上になるでしょうか。

はなこさんからの「おばあちゃま、ありがとう!」

うちのグリーンピースですよ。
おいしいですよ

雑木林で採れたたけのことキッチンガーデンで採れたグリーンピースを入れた鶏の煮もの。「今年は不作の野菜が多いなか、本当にグリーンピースは出来がよかったのよ」

とか「今度はあれが食べたいな」などの電話やはがきが励みとなって、英子さんの宅配便は年々、レパートリー豊かに、華やかに。

「毎年、夏になると10年ものの梅酒を送っているんです。それが去年、間違えて6年ものの梅酒を送ってしまったんですよ。そうしたら、はなこが『おばあちゃま、今年はお味が違う』って。やっぱり、小さいころから口にしていると、わかるんですね」と、英子さん。着実に味覚が伝わっている様子に満足そうです。

「現役の人たちは、男性も女性も忙しいでしょう。それは仕方ないことだと思います。だから60歳を過ぎてリタイアした人たちが、いろいろやればいいんですよ、遊んでいないで。少しでも次の世代が豊かに暮らしていけるために、何か渡していくことを考えないとね」

赤漆の器に入れられた、お気に入りの中国茶の茶器セット。いつも食卓のそばに置いてある。「結婚してすぐ、原宿の昔からあるお店で。セットで当時9000円だったかしら」

ひとつずつ、少しずつ

次の世代が少しでも豊かになるように。そのために英子さんは、娘や孫に伝えるための食器をひとつずつ、何年もかけて少しずつ揃えています。

「すぐには無理でも、ひとつずついいものを買っていけば、いつか集まると思っているから。若いころから、ずっと先のことを考えて揃えてきました」

どの食器も「これは結婚したてのとき、新宿の伊勢丹で揃えたの」「これは娘と行った京都で買ったものね」と購入した時期、場所がパッと答えられるほど、ひとつひとつに思い入れが。最近ではソニーの通信販売のカタログをじっくり眺めて、これは！ と思った干支の箸置きや、英子さんの大好きなウサギの絵柄の食器などを買い求めることも多くなりました。

アンティークのガラスの器。繊細な模様が美しい。「東京で暮らしていたころ、大好きで入り浸っていた原宿のお店で買ったの」。甘夏やいちごなどフルーツを盛ることが多い。

こうしてお気に入りのものをゆっくりと揃えていくことは、英子さんの生きがいでもあります。

「孫のはなこが生まれたとき、年に2回、クリスマスとお誕生日のときにクリストフルの銀器を贈ることを思いつきました」

銀器は英子さんが憧れていたものの、娘たちにはプレゼントできなかった夢。はじめてのお誕生日には、はなこさんの個人用に食事用のナイフ、フォーク、スプーンとお菓子用のスプーン、フォークをセットにして。名前のイニシャルを花文字で彫って贈りました。

その年のクリスマスからは、クリストフルの定番、かわいい花模様の彫りのあるシリーズに決めて、毎回「客用スプーン6本」といった具合に贈り続けています。孫の代、さらにその先の暮らしのことを考えて、英子さんの夢は広がります。

食卓の椅子の織布がすり切れたので、英子さんが機織り機で織った布を使って、しゅういちさんが張り替えた。「羊さんそのままの色」だから、どれひとつとして同じ色柄はない。

ダイニングチェアも

繕って心地よく

「私はどちらかというと、好き嫌いははっきりしていて、それを頭ではなくて体で感じとってしまうほう。だから、暮らしの小道具ひとつ選ぶにもそれが出ました。結婚してからは、しゅうたんのヨットにお給料のほとんどが消えてしまい、そのほかにまわす余裕がなくなりましたから、なおさら好きなもの、長持ちするもの、次の世代に伝えられるものを慎重に選ぶようになりました」と、英子さん。

裕福な造り酒屋のお嬢さんとして育ち、本物の道具に囲まれて育ったおかげで、いいものを見抜く目は確か。衝動買いをするようなこともありません。家具ひとつをとっても、しゅういちさんが「これなら」と太鼓判を押してくれた松本・中央民芸家具のものを時間

リラックスチェアも

昔はずっと着物を着ていたという英子さん。当時着ていた紬の着物をほどいて、座布団カバーに仕立てた。「夏になったら麻に替えるの。夏は布団も座布団もみんな麻に替えるのよ」

をかけてひとつひとつ購入。

いま使っている大きな食卓は、オランダから輸入されたもの。１００年以上は持ちそうな、しっかりとしたつくりが気に入りました。

しゅういちさんが尊敬する建築家、アントニン・レーモンド氏から結婚祝いにいただいた2脚の丸い大椅子も50年以上愛用しています。シートの織布は英子さんが織り上げては新しくしているので、飽きることはありません。

「うちは、何でも長持ちですよ。時計は40年、冷蔵庫は25年、テレビは地デジに買い替えたけど、モンブランの万年筆は40年も使っているし」としゅういちさん。

たとえ壊れても、すぐに捨ててしまうのではなく、繕ってより心地よく整えていくのがつばた家流。しゅういちさんがヨットマン時代に購入したロレックスの

しゅういちさんの赤い自転車は、「なんでも長持ち」のつばた家では、久しぶりの〝新入り〟。これに乗って近所のポストへ行くのがしゅういちさんの日課。颯爽と走る姿は86歳とは思えないほど。

腕時計は、バンドが壊れてしまったけれど、皮ひもをつけたらすてきな懐中時計として生まれ変わりました。

「バンドをつけ替えるのに、８万円もかかるんですって。私は『節約して買ってあげる』って言ったんですけど、しゅうたんは『これでいいよ』って」

そんなふうに、ものを大切にする二人は、着るものにあまり頓着がない点でも共通しています。しゅういちさんは、冬は黒いセーター、夏は白い船員服。英子さんは、はなこさんお下がり（？）のシャツかセーターに、はき慣れたズボン。年がら年中、このいでたち。これで十分、なのだそうです。

「おもしろいものでしょう。でも、私たちのこんな暮らしぶりを見て、娘や孫たちが何か感じてくれればいいなと思っているんですよ」

着るものも愛情持って

「股上が浅いズボンははきにくくて」と、英子さん。はき心地が気に入ったズボンは、たとえすり切れても大事にはいている。「これははなこのお下がりのズボンかしら。たいてい娘や孫からもらった服ばかりなのよ」

ここにもステッチ！

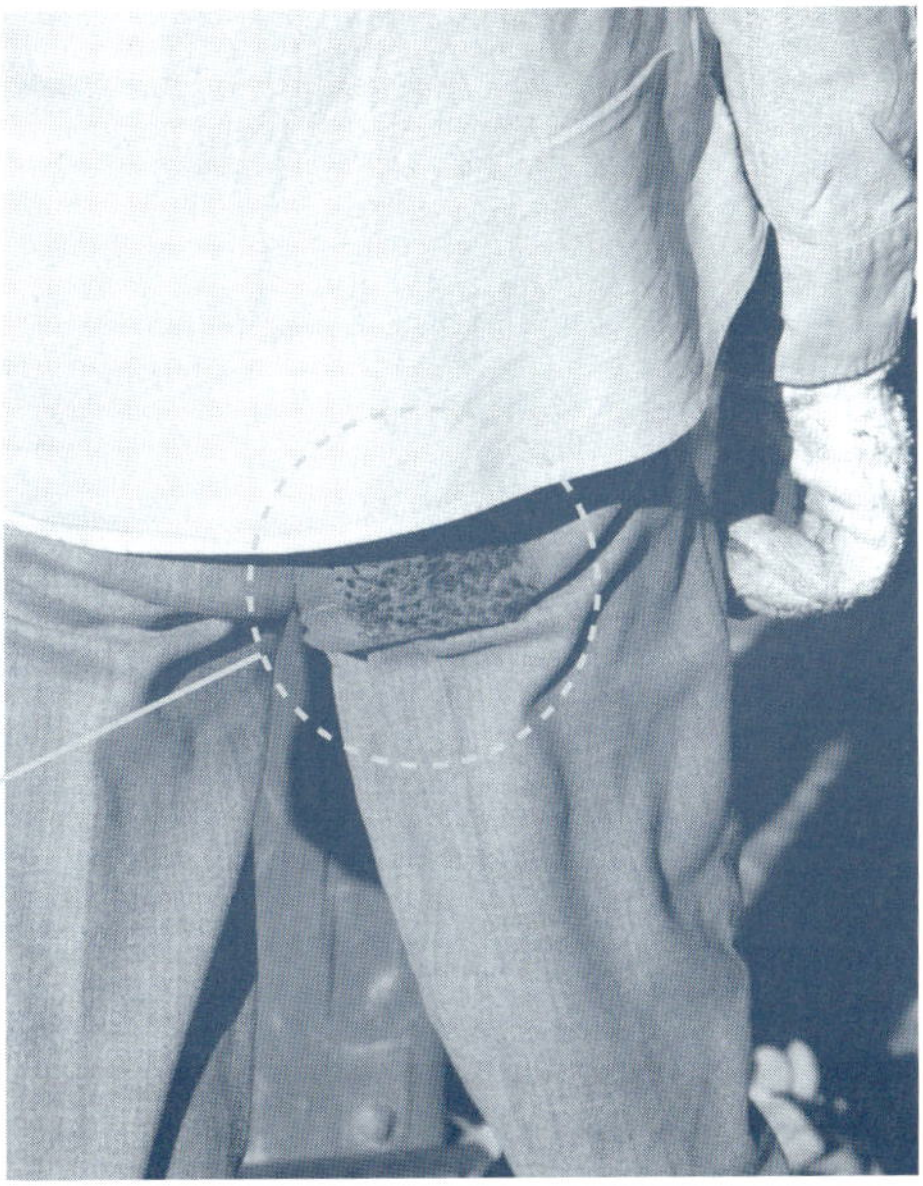

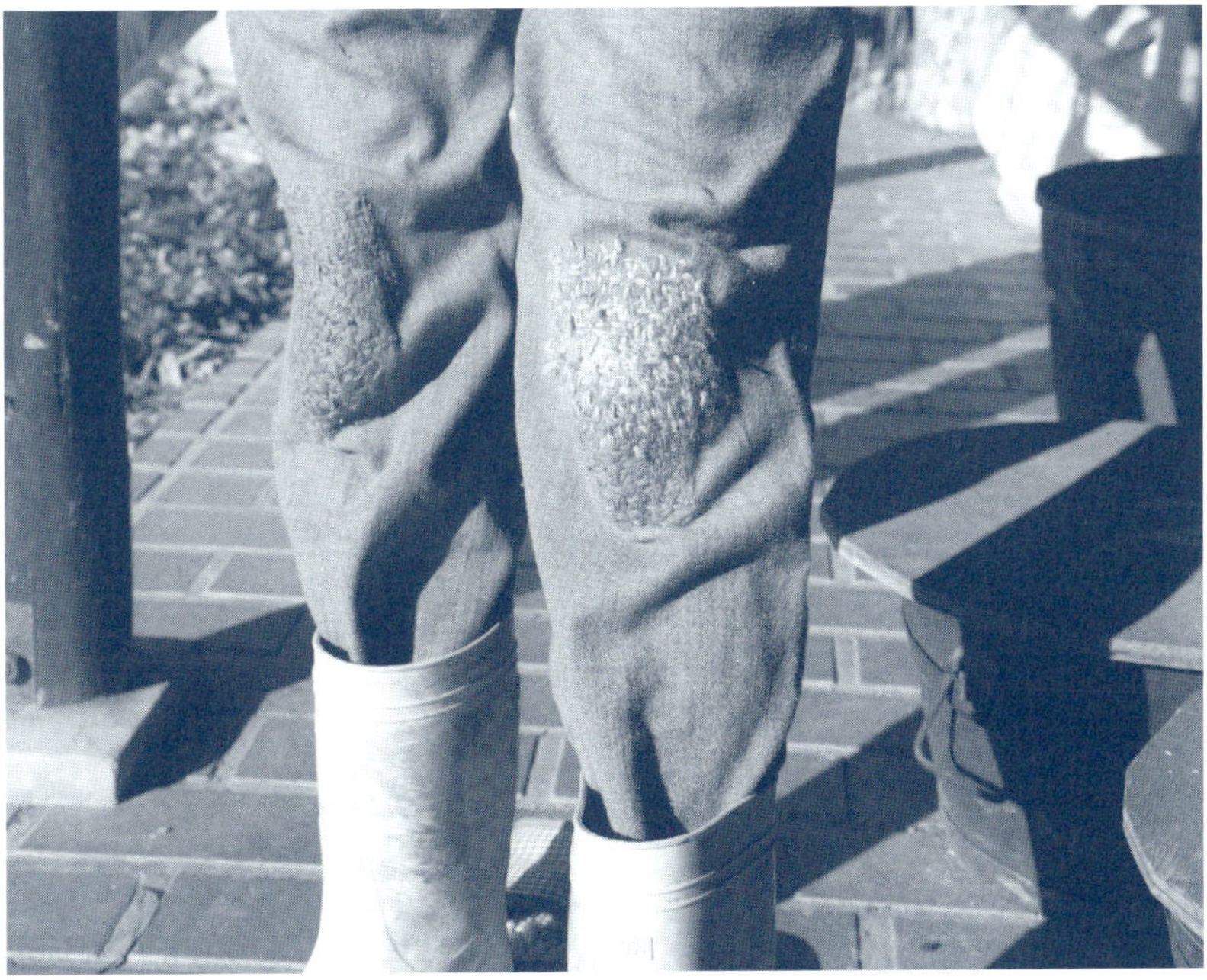

ぶきっちょよー、
わたし。
女学校時代、裁縫の宿題は
全部、〝ねえや〟に
やってもらっていたくらい、
ぶきっちょなの

英子さんは
ズルばっかり（笑）。
鉛筆を削るのも、
桶屋さんの若い人に
やってもらって
いたんだって（笑）

それでもね、
80まで生きて、
おんなじこと
繰り返しずっと
やっていれば、
昨日より、今日は
よくなるからね

水飴と黒砂糖を
寒天で固めて、
金玉糖《きんぎょくとう》みたいに
したの。
本で見た通りに
やったのよ

ぼくはまた、
虎屋の羊羹がばかに大きく出たな、
と思っていたよ（笑）

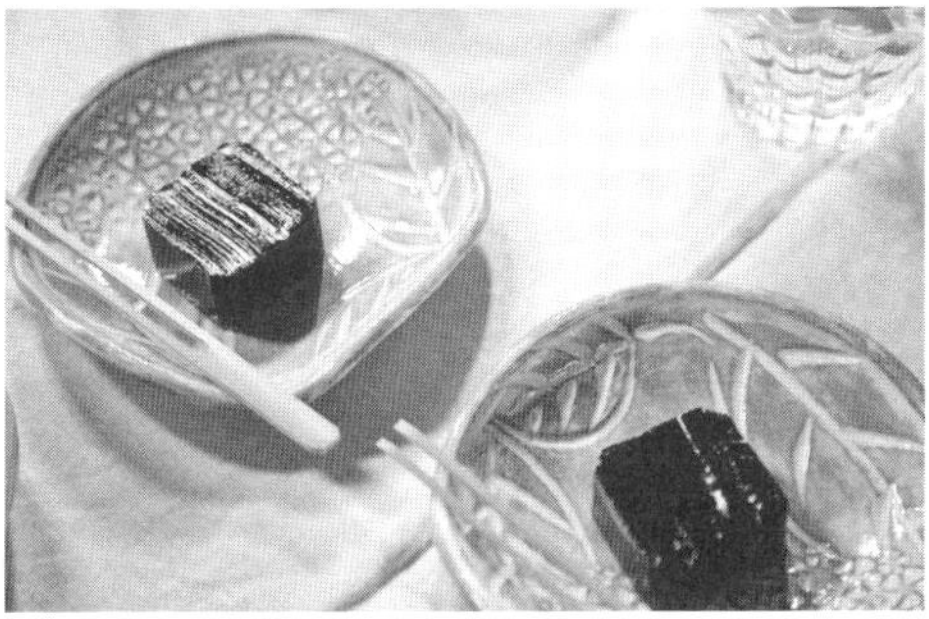

お茶菓子

畑仕事が一段落した午前10時。いったん仕事の手を休め、ゆったりと朝のお茶タイムを楽しむのがつばた家の習慣です。お茶菓子も午後のティータイムと同じく、英子さんが手づくりすることがほとんど。

食卓には、庭先で摘んだ花を、小さなガラスの瓶に生けて飾って。心落ち着くひとときです。

梅のしょうゆ漬け

小梅を一晩水にさらしてアク抜きし、瓶にいっぱい詰めて、清潔な瓶の上までだししょうゆを注ぎ、冷蔵庫でねかせておく。魚介類にはにおい消しにもなるこのしょうゆを使います。

昆布の佃煮

昆布は1.5cm角に切り、かつおぶし、梅のしょうゆ漬けの汁、梅のはちみつ漬け（つくり方１２７ページ。砂糖やみりんでも可）、濃口しょうゆ、黒砂糖をひたひたに注いで、舌で味を見てから一晩漬け込む。そのまま火にかけ、弱火で汁けがなくなるまで煮る。

きゃらぶき

庭の山ぶきを採り、皮をむいて、お天気の具合を見ながら１日干す。３cmの小口切りにし、かつおぶし、梅のしょうゆ漬けの汁、梅のはちみつ漬けをひたひたに注いで１日漬ける。そのまま火にかけて、黒砂糖１～２かけら、濃口しょうゆを入れて、味加減は舌で見る。そのまま汁けがなくなるまで煮たらできあがり。

らっきょう漬け

らっきょうは、畑で掘ったらすぐ水洗い。根と皮をむき、ざるに入れて熱湯を注いで冷ます。鍋に酢と酒を同じ量だけ、そこに味を見ながら「ちょっと甘め」と感じるくらいグラニュー糖を入れて沸騰させる。冷めたら清潔な瓶にらっきょうを詰め、先ほど鍋で煮立てた調味料を上まで注ぎ、冷蔵庫でねかせる。1か月後に1度、瓶の中の調味料を取り出し、煮立たせる。冷めたら元に戻し、もう一度ねかせたらできあがり。一年中保存したいときは、1か月後に同じことを繰り返して冷蔵庫で保存。シャキシャキとおいしいものができます。

パイナップル漬け

パイナップルは毎年7月に石垣島から1箱送ってもらうので、それを使う。適当な大きさに切ったものをワインビネガー、好みの砂糖といっしょに清潔な瓶に入れて1か月。できた汁はそのまま氷を入れたり、冷たい水を入れて飲むとおいしい。残ったパイナップルはそのまま食べてもいいし、煮てパイナップルのジャムをつくっても。

つばた家の キッチンガーデンと 雑木林 なつ

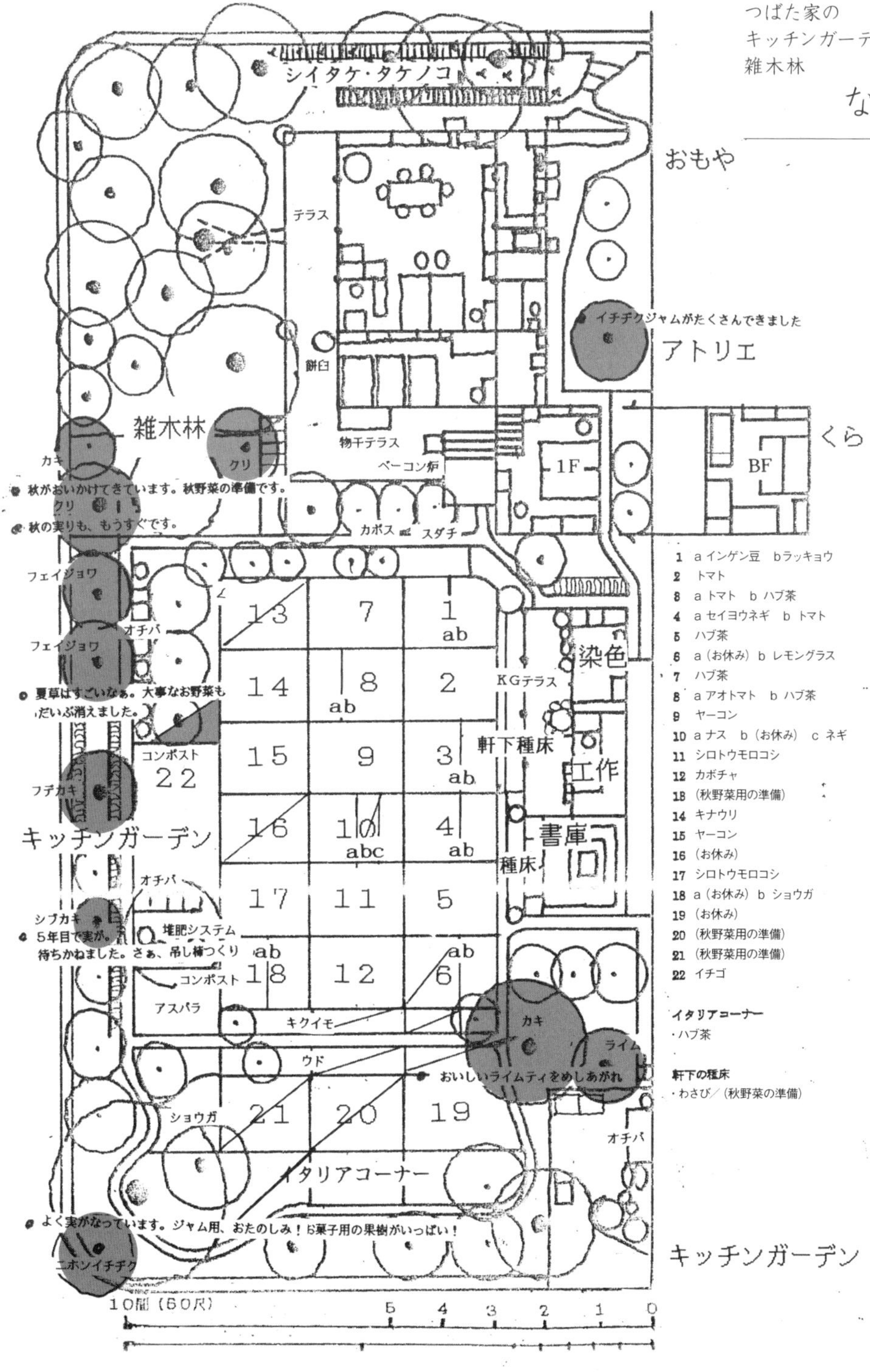

1 a インゲン豆 bラッキョウ
2 トマト
3 a トマト b ハブ茶
4 a セイヨウネギ b トマト
5 ハブ茶
6 a（お休み） b レモングラス
7 ハブ茶
8 a アオトマト b ハブ茶
9 ヤーコン
10 a ナス b（お休み） c ネギ
11 シロトウモロコシ
12 カボチャ
13 （秋野菜用の準備）
14 キナウリ
15 ヤーコン
16 （お休み）
17 シロトウモロコシ
18 a（お休み） b ショウガ
19 （お休み）
20 （秋野菜用の準備）
21 （秋野菜用の準備）
22 イチゴ

イタリアコーナー
・ハブ茶

軒下の種床
・わさび／（秋野菜の準備）

人は、次の世代に役立つようにと、
木を植える。
キケロ(BC100)

あき

味覚の小包

冬に向けての保存食づくりや、堆肥をつくるための落ち葉拾いに勤しむ秋。庭先にたくさん実った柿や柚子、フェイジョワなど秋の味覚は小包にして、毎年の贈り物を待ちわびている家族や友人など、大好きな人たちに送ります。

四国の馬路村からもらってきた柚子の木。虫取り網のような形の、竹の棒に網をつけた道具は、高いところの柚子を受け止める、しゅういちさん手づくりのアイデアグッズ。しゅういちさんが柚子を切って落とし、それを英子さんがその道具で受け止める算段だが…。

柚子の収穫

「今日は柚子をとってしまいましょうか」と、英子さん。黙ってうなずき、柚子をとるための道具を準備するしゅういちさん。二人はさっそく柚子狩り開始。

「しゅうたんに採ってもらって、下で受けるわね」「わかった。ほら、いくよ」

ときに柚子が頭にあたりそうになったり、落ちた柚子がころころとどこまでも転がっていったり。

「おっと（笑）」「やだあ（笑）」

笑顔の時間が過ぎていきます。

散策するのも楽しい

1
4 3 2

1「おっと危ない！」梅の木に頭をぶつけそうになってふと見上げると「アッテンションプリーズ！」と。2・3鮮やかな黄色は、畑でいちばん目立つ色。どこに何を植えたか忘れないよう、しゅういちさんがひとつひとつ手づくりしている。4はなこさんが予約しているたけのこ。「今年は11本出たのよ。さて、来年は何本出てくるかしらね」

夏真っ盛りには歩くのもままならないほど緑濃かったキッチンガーデンも、秋の気配とともに落ち着いてきました。キッチンガーデンでは、育っている植物のほか、しゅういちさん手づくりの黄色い名札を、ひとつひとつ読んで歩くのが楽しみという人たちも多いそう。これもまた、つばた家のおもてなしのひとつなのです。

5
6
7

5「うちのとうもろこしはおいしいよね」としゅういちさん。**6・7**「これ、英子さんが好きなテッセン」「これ、しゅうたんが好きな桃太郎トマト」。結婚して50数年経っていても、いつもお互いを気にかけている。

〝麦茶《おおむぎ》〟の種まき

「今年はたくさんできなかったんですよ。来年はどうかしら？」

事前にしゅういちさんが掘り起こしていた畑をよーく耕してから、大麦の種をまく英子さん。この日のためにしゅういちさんが集めた落ち葉をふかふかのお布団みたいに上からたっぷりかけて。来夏の収穫が、いまから楽しみ！

落ち葉ください。
２袋くらい

畑を耕して

英子さんの畑仕事は、無駄な動きがなく、手際がいい。英子さんが種をまき始めると、さっそくしゅういちさんが黄色い名札を立てていた。そこには「オオムギ　はなこさん、大好き！」。

秋味の荷造り

自宅で採れた野菜や果実を詰め込んだ小包づくりは、つばた夫妻のお楽しみのひとつです。

「しゅうたんが勤めていたときは、いわゆるお中元やお歳暮は、いっさいしてこなかったの。いまは、好きな人に好きなものを贈れるのがうれしい」と英子さん。

できあがった小包は、宅配便として出すためにしゅういちさんが一輪車に積みます。それを近所のよろず屋まで運ぶのは、英子さんの役目です。

1段ボール箱の梱包にもしゃれたセンスを発揮。届いた瞬間から「心躍る」贈り物。2かぼすや栗、フェイジョワなどの果実、それから手づくりのジャムを詰め込む。食べ方などを描いたカード、木の絵手紙を添えて。

果実はばらで詰めちゃう？

いちじくのジャムは入れる？

木の絵手紙を添えて

「しゅうたんのほうがきれいに詰めるのよ。私、大ざっぱだから（笑）」と英子さん。「これは入れる？」「あれはどうする？」ひとつひとつ英子さんに確かめながら、美しい小包をつくるしゅういちさん。互いの得意で不得意を支え合いながら暮らしている。

ていねいに小包をつくります

栗きんとん

「秋だから、お月さまをイメージして丸くつくってみたのよ」と英子さん。庭で採れた栗をゆでてつぶし、グラニュー糖と水あめを加えてつくったシンプルな栗きんとんは、素朴な甘みが「あともうひとつ」とあとをひきます。

手前は水あめなし、奥は水あめ入り。「どっちが好み？」「どっちもおいしいよ」

冷蔵庫掃除のジャムづくり

収穫続きのこの時期は、冷蔵庫掃除を兼ねてジャムづくりに勤しむ英子さん。今日は、柚子。「皮をむいて、砂糖をまぶして、お鍋でぐつぐつ。実は絞って、それも中に入れるのよ」。お客さまへのプレゼントにも大活躍です。

冬支度

1・5・6葦戸から障子戸に替えた窓辺。つばた家では年末ではなく、このタイミングで障子を張り替えている。**2**新宿の伊勢丹で購入したダンスクの器。36年間、大切に使っている。**3**ウールのセーターを着て。英子さんもしゅういちさんも基本、化繊のものは着ない。**4**娘さんが買ってくれた、長年愛用しているガスヒーターも納戸から出して設置。

雑木林を抜ける秋風が少し冷たくなってきたら、英子さんとしゅういちさんは、来るべき冬に備えて部屋の模様替えを始めます。

食器棚に並べたガラスの器は、ぽってりと温かみのある陶器の器に。ベッドカバーやクッションカバーなどの布ものは、綿や麻から、ふっくらやわらかなウール地に取り替えて。より暖かくより居心地よく整えた部屋で、冬の寒さを元気に乗りきるための工夫です。

ふと気がつけば、東の高窓から入る朝の光も、ここにきてずいぶんと遅い時間になりました。

秋のおもてなし

いわゆるおふくろの味だけでなく、新しい味覚にもどんどんチャレンジする英子さん。

「パパイヤが採れたから、サラダにしてみたの。どうかしら?」

エキゾチックな味つけが美味。とろとろに煮込んだビーフシチューは体もあたたまる絶品です。


ビーフシチュー、蒸し野菜、パパイヤのサラダ、佃煮など。蒸し野菜はオリーブオイルをかけて、かぼすを絞っていただく。

しゅういちさんの絵手紙　秋のおもてなし

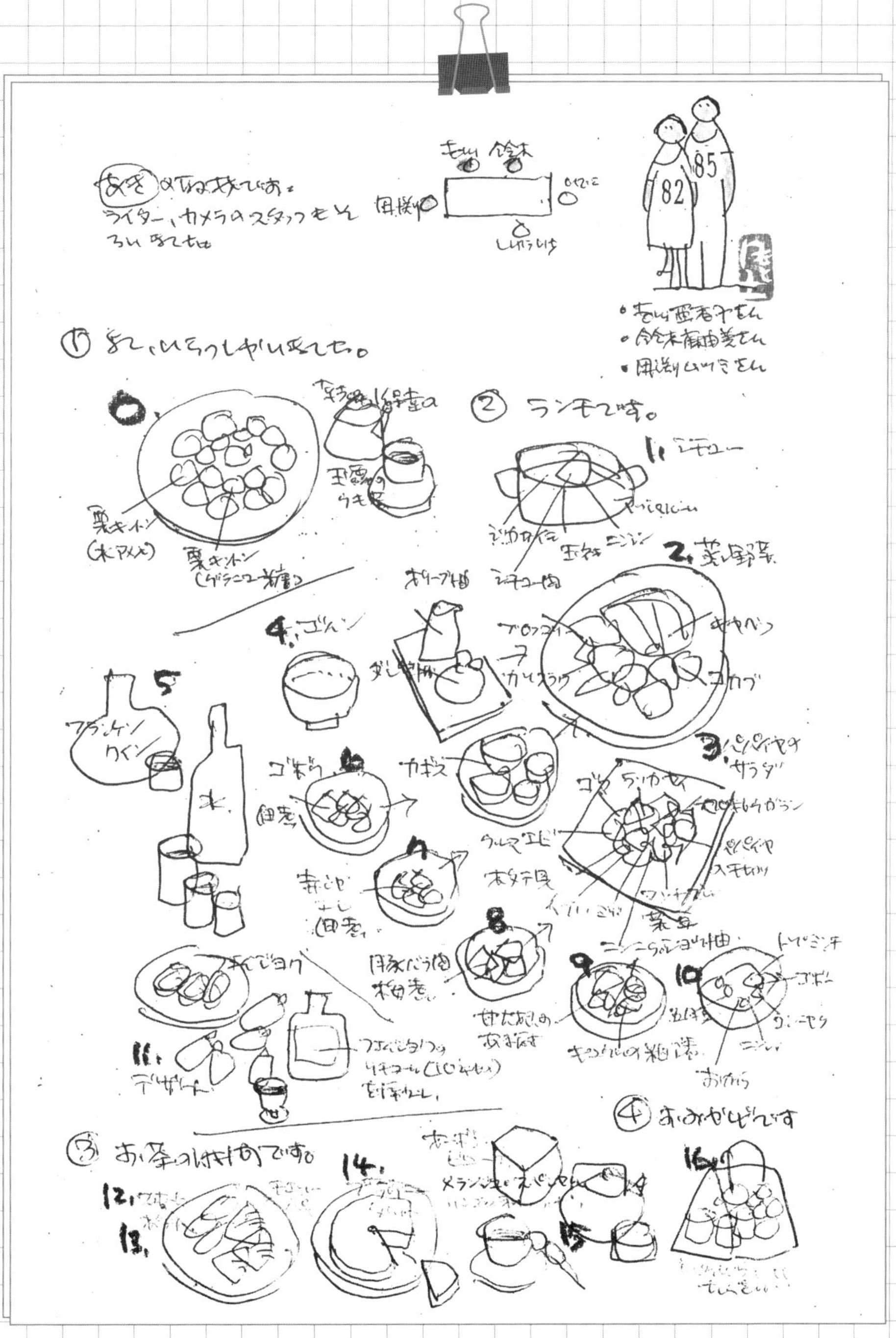

しゅういちさんと整理整頓

「集中力という大事なもののスタートは、整理だな」(犬飼道子『幸福のリアリズム』より)。しゅういちさんの好きな言葉。

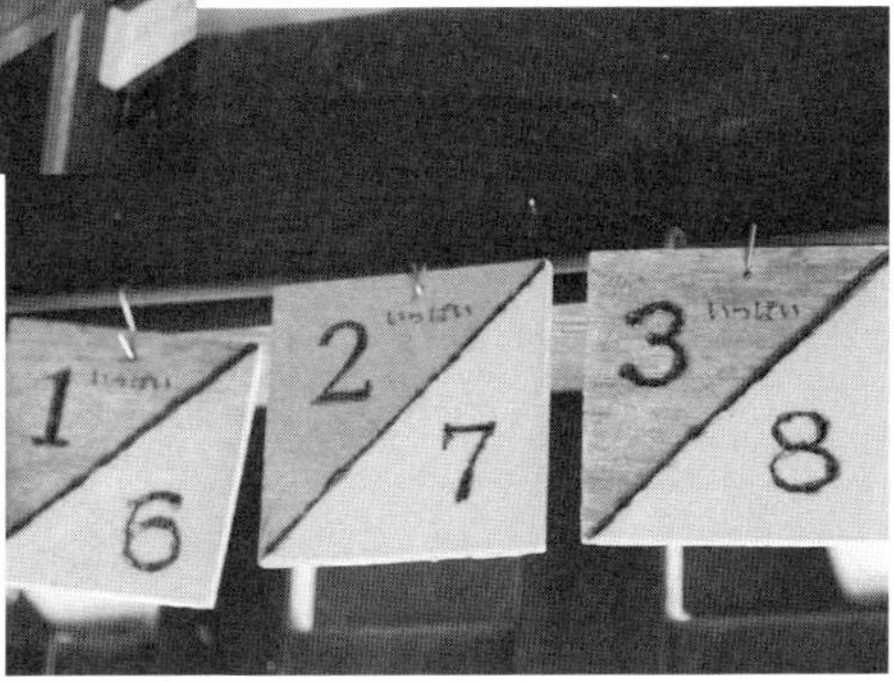

（上）農作業小屋の中の箱に数字が。箱の番号ごとに入れるものを決めている。
（右）毎月毎月、堆肥をつくっている。１月に落ち葉と生ゴミでコンポストをいっぱいにすると、５か月後の６月に堆肥ができることを示した木札。

数字を活用する

いつ訪れても、つばた家は、すっきりきれいに片づいています。それは、しゅういちさんが整理整頓を担当しているから。「ぼくの整理整頓の基本は、なるべくやさしく、わかりやすく、簡単に。誰でも片づけやすいように工夫しているんですよ」

そのひとつが、パッと見ただけですぐにわかる数字を活用している点。

「たとえば、『○○の入っている、××の上にある、箱から△△とってきて』などと言っても言われたほうは混乱してしまうけれど、『1番の箱の中から△△とってきて』と言えば、相手はすぐにわかるでしょう」

もちろん、しまうときも同様。小さな工夫ですが、片づけ効果は抜群なのです。

杵も

（下）ふつうのバケツもペンキを塗って見た目よく。ペンキ缶もお揃いにして。雑然と並べるのではなく、ちょっと並べ方を工夫するだけで雰囲気が格段にアップする。（左）餅つき用の杵も、並べただけなのに片づいている感じが出るのも、しゅういちさんマジック。

ペンキとバケツも

形を揃え、並べる

書斎、農作業小屋、書庫等々、しゅういちさんの手が入っている場所（つまり、英子さんの聖域である台所以外！）は、ものが色、形を揃えてきちんと並べられています。

色、形を揃えると見た目がきれいだし、整理がしやすくなるのはもちろんですが、「瓶でも缶でも桶でも何でも同じ色、同じ形のものが並んでいると、何だか楽しい仲間たちみたいな気がして、いいですね」と、しゅういちさん。「何だか楽しい」、それは暮らしにおける大切な要素なのだそうです。

色、形を揃えるといっても、お金をかけるわけではありません。書類をまとめるファイルやさまざまな記録をとるノート類は、文房具店やホームセンターで普

農作業小屋に続く、しゅういちさんの書庫。シンプルで頑丈な本棚に、本や書類をピシッと並べて。形を揃えて並べる美しさがわかる。ところどころにメッセージ入りの木札が置いてあるのも楽しい。

通に売っているシンプルなものを購入しています。

「最近は、まとめて電話で注文して、届けてもらうことが多いですね」

瓶や缶、箱など、収納グッズ類は、いつも買う店の紙袋、愛飲しているコーヒーの缶など、たまたま手元にたくさん集まってくるものを活用。色や柄が目について気に入らないときは、ペンキを塗って見た目を揃えます。それらを、ときにすきまなくピシッと、ときに大中小の大きさ順に並べてみたりして。

そこに「整理整頓」の息苦しさや義務感はありません。しゅういちさんの言うように、「何だか楽しい」。まさにそんな感じ。

「私たちは、退屈な整理整頓とは無縁。見て、感じて、それが大切なんですよ」

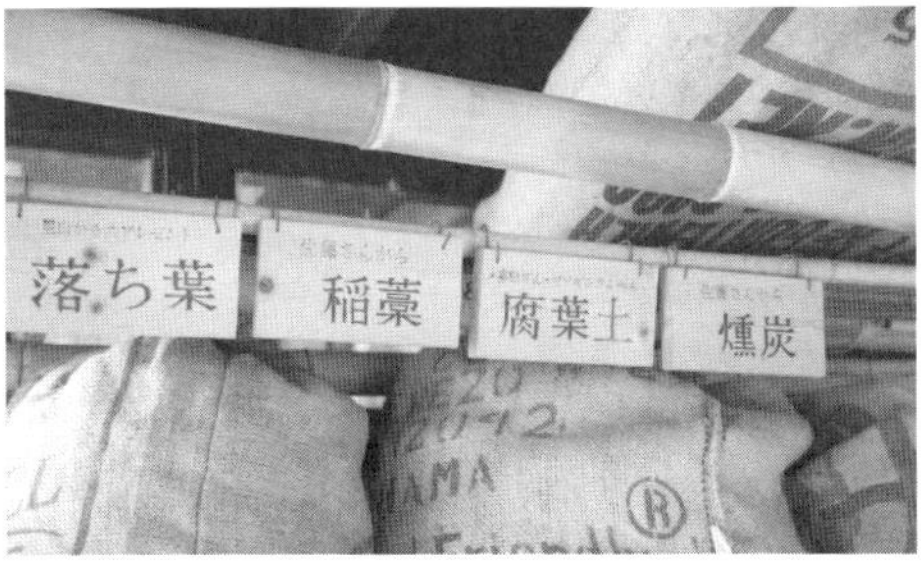

（上、左上）農作業小屋の天井から紙袋を吊り下げて、ローリエやシナモンなど乾燥物を収納。（左）落ち葉、稲藁、腐葉土、燻炭と書いた札には「○○さんからもらった」などと記してある。

名札でわかりやすく

つばた家では、キッチンガーデンの黄色い名札をはじめ、いろいろな場所にしゅういちさんの個性豊かな文字で書かれたすてきな「木札」が躍っています。それは、ここに何が植えてあるか、ここに何が入っているか、すべて明らかにしておこうという配慮から。

「またしゅうたんね！　ここに大事な下草を植えてあったのに！」――英子さんが植えた苗だと知らずについひっこ抜いてしまったり、英子さんが大事にしていたものをうっかり捨ててしまったり。そんな失敗を繰り返さないように、「『名札』は私の戒め用でもあるんですよ」と、しゅういちさん。名札のおかげで、英子さんの心配の種がひとつ減ったそうです。

「この袋、何を入れておいたんだっけ？」とならないように、入れ物には必ず中身を書いておく。ときに、かわいいイラストも添えて。なんてことない紙袋も、イラストを描くだけでうんと楽しげに。

イラストで楽しく

スラッと背の高いしゅういちさん、寄り添うように英子さん。つばた家のあちこちで、見る人を思わず笑顔にしてくれるイラストを目にします。

しゅういちさんは、記録ひとつ残すにも文字だけではなく、ちょこちょこっとイラストを添えています。おもてなしの記録、夕食の記録、それから、ときどきつけている日記にも。

「記録を残すのは、過去を生かして新しい仕事をするため。イラストがあると、あとから見返すのも楽しいでしょう」と、しゅういちさん。

イラストを描きながら、あとから描いたそれを眺めながら、しゅういちさんは「頭と心の中の整理」をしているのです。

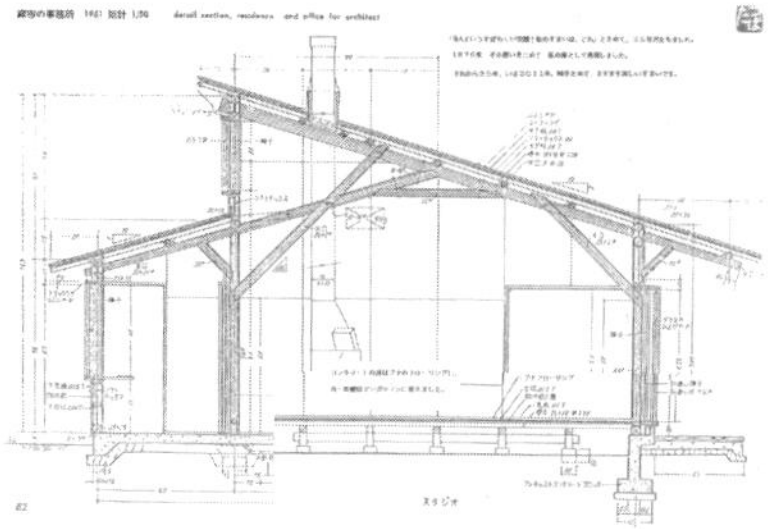

敬愛するアントニン・レーモンドの住宅・居間の断面図。この空間、この梁に魅せられて、しゅういちさんは自分の家として再現した。

部屋も季節ごとに模様替え

　模様替えも整理整頓のひとつ。つばた家では、夏と冬とを迎える前の年2回は必ず、それ以外の時期にも思い立ったらすぐに、部屋の模様替えをしています。より暮らしやすくするためです。

　基本的にワンルームなので大胆な家具の配置換えなどはできませんが、ベッドカバーや座布団カバーなどの素材に季節感を出したり、食卓の向きを変えたり、立火鉢の場所を移したり。先日は、アトリエの書棚をすべて書庫に移動して、端に寄せてあった機織り機を真ん中に据え、使いやすく工夫しました。

　模様替えを思い立つのは、たいていしゅういちさん。英子さんは、そんなしゅういちさんにおつきあい。ときに数日もかけての作業は大変ですが、それでもやり

食卓は、気分によって向きや位置を変える。200×90cmと大きくて存在感があるので、動かすだけでもかなり室内のイメージが変化する。

カレンダーまで！

日めくりカレンダーもイラストを加えるだけで、ほら！　しゅういちさんの遊び心。

洗面所。奥にお風呂場とトイレ。もともとアトリエとして建てた家なので簡素。脱衣所もない。

増築した蔵の中2階部分。東と西に窓があり、風が通るようになっている。こちらは下の娘さんのための部屋。きちんとベッドメイキングがしてあり、いつでも泊まれるようになっている。

終えれば、確実に使いやすくなる喜びがあります。

「思い立ったら、やりたくなるんですね。ここは小さな家ですが、それでもやればやるほど、仕事はたくさんあるもんです。高齢だからとものを極力少なくして、合理的な暮らしをしようと考えている人が多いようですが、変化のない家では思い出が少なくなってしまうのではないかなあ」と、しゅういちさん。

模様替えをきっかけに、家中のあちこちに目を配り、心を配り、不便なところには手を入れていく。つばた家では模様替えごとに家に対する思い出が、そして愛着が増していくようです。

「私のコックピット（書斎）は小さな仕事場ですが、年中、小物の置き場所を変えて気分を一新しています。夏になると、風遠しをよくするために、机の位置を変えて窓に寄せ、木陰に近づけたりしているんですよ」

英子さんの実家から

（左）英子さんのお母さんの長持。半田の実家に置いてあったが、実家を解体するときにもらってきた。（下左）大きな立火鉢も半田の実家のもの。ドーナツ型のテーブルをつけて、台として使用していた昔のままの姿。（下右）桑の茶箪笥は、英子さんがお母さんから受け継いだ嫁入り道具。

この長持・4棹は、英子さんの母が
お嫁入りの時（1912年）のものです。

半田の昔むかーしの
「いらない」っていうのは、
みんなこっちに来る

「ぼくはこの船の船長さんなんですよ」。しゅういちさんのヨットの模型の前で。そこで、無理やり頼んでいつも着ている船員服に船長の肩章をつけて写真に撮らせてもらった。

ヨットで培った

「『シーマンシップの基本はロープワーク』と教えられて60年。日常の中に溶け込んだロープワークが、暮らしをより豊かなものにしています」と語る、しゅういちさん。たとえば、英子さんのアトリエの天井に、しゅういちさんが吊り下げた生糸や毛糸。ロープワークで軽々と手元に降りてきます。

洗濯物を干すのはしゅういちさんの役目ですが、雨の日の洗濯物もアトリエの中のロープで、あれよあれよという間に整理してしまいます。

一年中保存の必要なハブ茶やシナモン、ローリエなどの乾燥物も、農作業小屋の中にロープワークで吊るし上げ。陽がよくあたります。

「あの手づくりベーコンのお肉だって、炉の中外へロ

タヒチ・クルーズ

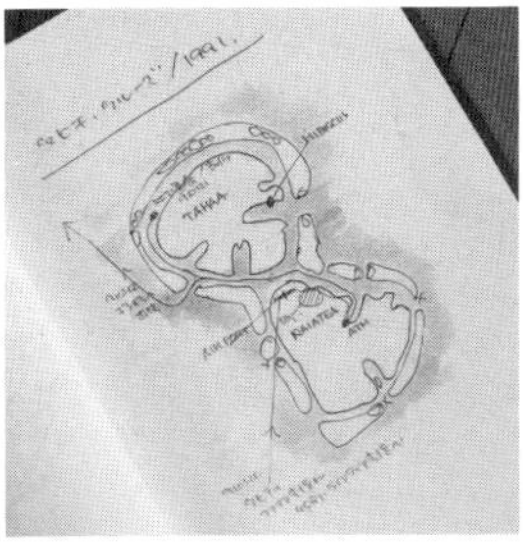

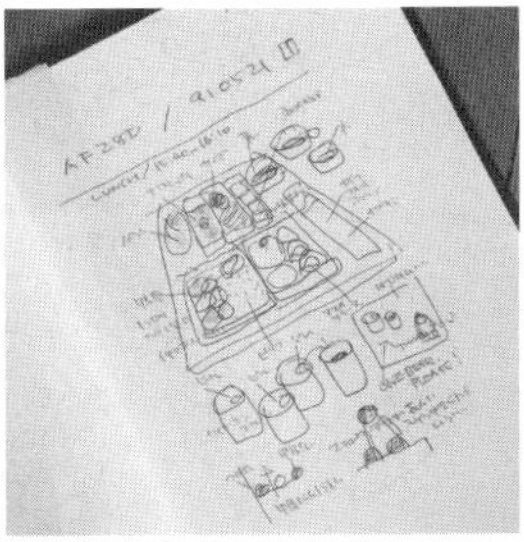

1991年、1992年に行ったタヒチ・クルーズの記録もきちんと残してある。どのコースを航海したか、どんな食事をとったか、仲間の名前、などなど。

白い地球儀に、これまでに旅した航路を描き入れている。世界中のあちこちにむかってたくさんの線が引かれている。

将来の夢

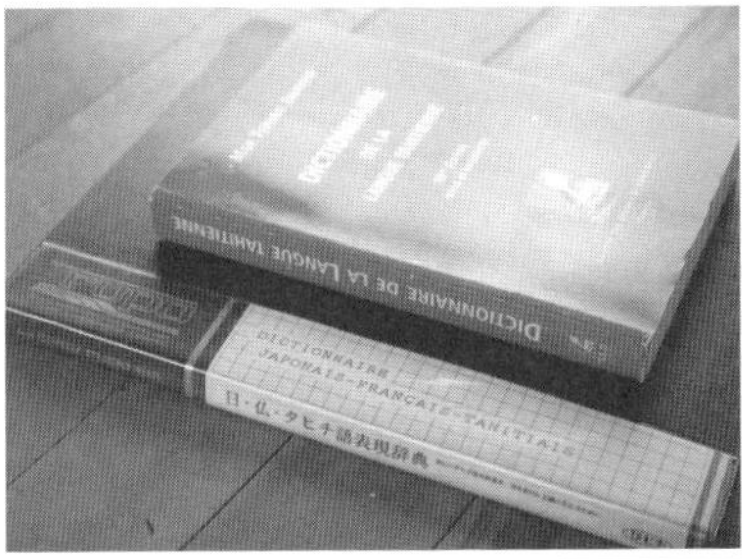

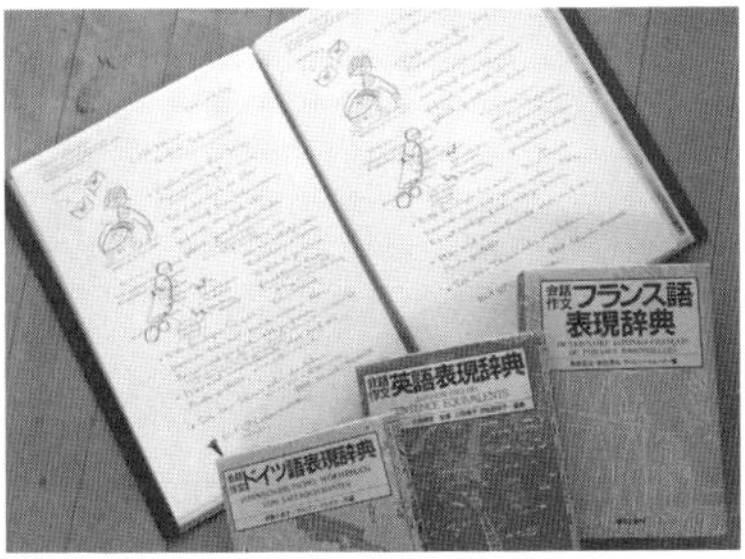

しゅういちさんの夢のひとつ、「日・仏・タヒチ語表現辞典」をつくること。これはその下書き原稿。「あると便利だと思うんですよ」

ープワークで簡単に上下できますしね。ヨットで培った技は、ふだんの暮らしの中でも楽しく生かせるものなんですよ」

ロープワークだけではありません。ヨットで世界あちこちの海を旅して見つけた興味関心ごとは、いまも、しゅういちさんの人生の幅を広げつつあるのです。

いちじくのジャム

毎年、梅雨の終わりごろからいちじくの花が咲いて実がなるが、味があまりないので、ジャムをつくる。少し手でさわって固くなければ、採って皮をむき、冷凍保存。量が集ったら土鍋に全部入れ、いちじくがかぶるくらい、グラニュー糖とてんさい糖同じ量ずつ入れて煮る。弱火で半日ほど。終わりごろにシナモン、レモンを入れる。レモンがなければ、すだち、柚子、かぼすなどでも。あるいはワインビネガーなどで代用してもよい。ラズベリーを漬けたワインビネガーを使うと、色がより赤く美しく仕上がると思います。

梅の甘煮

春の終わりから夏にかけて、そろそろ新梅が出るころになると、長年漬けた梅干しで英子さんのお母さんがつくってくれた梅の甘煮。この時期になると自然と食べたくなる思い出の味です。まず、梅干しを2～3日、少し酸味が残る程度に水につける。鍋にてんさい糖と梅干しを入れて、水をひたひたくらい注いで火にかけ、酸味を残し、薄甘程度に煮つめる。ふたのついた磁器に入れて、冷蔵庫で保存する。

梅のはちみつ漬け

梅酒用に焼酎に漬けた梅を10月頃取り出し、瓶に入れ、梅が埋まるくらいはちみつを入れる。そのまま冷蔵庫でねかせておく。煮もののときは、砂糖やみりんの代わりに、この梅の甘味を使っています。

栗きんとん

木から自然に落ちてきた栗を冷蔵庫で保存。適当にゆでて、中身をスプーンでくりぬき、グラニュー糖を適量入れて混ぜる。アルミホイルをかぶせて、１００度に熱したオーブンでグラニュー糖が溶ける程度に火を通し、茶巾絞りにする。

柚子のマーマレード

柚子の皮をむき、実のほうはジューサーで絞っておく。皮を薄く切り、水から沸騰するまで煮る。一晩流し水でアクを抜く。土鍋で水を入れて煮る。柚子の皮がやわらかくなったら、柚子がかぶるくらいのグラニュー糖と実を絞ったジュースを入れて、汁けがなくなるまでゆっくり煮る。

つばた家の
キッチンガーデンと
雑木林

あき

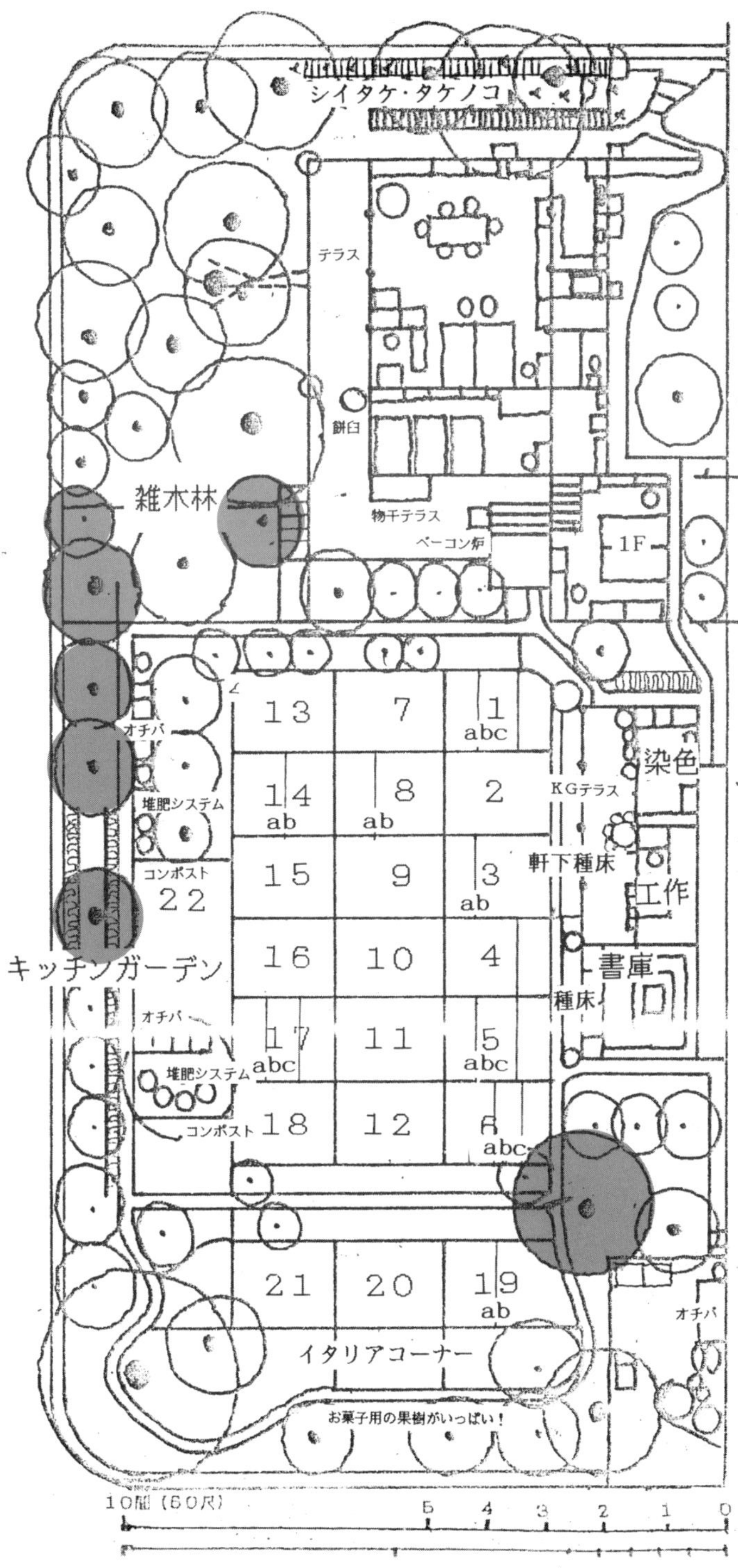

1 aニンジン bエンドウマメ、ハツカダイコン cニンジン
2 ミエンドウマメ
3 aミエンドウ bラッキョウ
4 aジャガイモ bグリーンピース cツルナシエンドウ
5 aユキシタナ bブロッコリー cゴボウ
6 aキャベツ bブロッコリー cカリフラワー
7 イチゴ
8 aマンナズルトマメ bジャガイモ
9 ジャガイモ
10 ジャガイモ
11 （お休み）
12 イチゴ
13 イチゴ
14 aエビネイモ bゴボウ、ニンジン
15 アオクビダイコン
16 聖護院ダイコン
17 aキヌイモ bコカブ cニンジン
18 ヤーコン
19 aセロリ bニンジン
20 （お休み）
21 タマネギ
22 オオムギ（麦茶用）

イタリアコーナー

・ミツバ／ハナナ／ワケギ

軒下の種床

・ハタワサビ／コリアンダー／サニーレタス／
シュンギク／正月菜／フトネギ

ふゆ

落ち葉と空の恵み

深々と冷え込みの厳しい高蔵寺の冬。畑に落ち葉を敷き詰め、暖かくして、春の芽生えに備えなければなりません。料理や手仕事、家のあちこちの手直しなど、冬の間も英子さんとしゅういちさんに「何もしない時間」はありません。

太陽と乾燥した空気と

おひさまを存分に浴びて、栄養たっぷりの干し大根。サッと洗って、だしで煮て、しょうゆをちょっと垂らすだけでおいしい！

「干しているから甘みがよく出るのね」

雨が降りましたでしょ、
パランと。
雪ではなくて。
だからよけいに
みずみずしいのね

1大根の葉も干してお風呂などに入れている。「からだにいい気がするの」**2・3・4**聖護院大根は３㎜の薄切りにしてからせん切りに（**2**）。ざるに広げて干し（**3**）、１日に２〜３回、きれいに洗った手でひっくり返す。２日もすればできあがり（**4**）。

今日は快晴。「あら、干し大根づくり日和ね」と思い立った英子さん。キッチンガーデンから、ころんとまるい聖護院大根を抜いてきました。「ふつうの大根よりこっちのほうが甘いのよ。おみそ汁に入れたり、煮ものにしたり。おいしいわよ」

ゆべし

〝ゆべし〟に使う柚子の実は、庭の花柚子の木のもの。「植えてもう30年以上になるけれど、よく実がなるの。小さくてかわいくて〝ゆべし〟にぴったりなのよ」と英子さん。キッチンガーデンで採れた落花生を砕いて入れるのは英子さんオリジナルです。

できあがったゆべしは、お茶の時間にいただくのもよし、お酒のお伴にもなおよし。くりぬいた柚子の中身はジュースに絞ってマーマレードをつくります。

○つくり方

ゆず60個の中身をくりぬいて、八丁味噌とこうじ味噌、白みそを同量ずつ計700ｇ、小麦粉100ｇ、てんさい糖700ｇ、砕いたくるみと落花生をそれぞれ100ｇずつ、金ごま80ｇを混ぜたものを、柚子の中に半分くらいまで入れる。３時間蒸したら、ふきんをかけて３日間干す。それから和紙で包んでぎゅぎゅっと形を整え、戸外で風にさらしてさらに１か月。

この状態でさらに1か月！

2
4 3 1

1本日の収穫。**2・3**冬のキッチンガーデン。畑に落ち葉を敷き詰め、霜から野菜たちを守る。「冬はあまり畑仕事がないの。2月も終わりごろになったら、土の中があったかくなってきて、いろんなものの芽が出てくるのよ。そうしたら忙しくなるから、それまでに手仕事をやっちゃうわ」**4**掘ったじゃがいもは、新聞紙の上で乾燥させてから農作業小屋の中で保存。

冬の収穫

冬のキッチンガーデンで採れるのは、大根や小かぶ、じゃがいも、にんじん、玉ねぎ、それから葉もの の間引き野菜など。

「じゃがいもはね、乾燥させてから暗いところに置いておくと、日もちするの」「菜っ葉はね、霜にあたると甘くなるの。だから、お味はいいと思うわ」

じゃがいもはコロッケに、間引き菜はごま和えやピーナッツ和えに。野菜が不足しがちな冬の食卓の定番です。

いつも働いていますね

動いていないと寒いから

コンコン

家やキッチンガーデンのあちこちを手直ししたり、英子さんの畑仕事をやりやすいように工夫したり。仕事を見つけては、いつも動きまわっているしゅういちさん。ロープの結び技、この年齢になってもはしごを使って屋根に登れる運動神経は、ヨットで培ったもの。

英子さんの〝エプロン〟

これなら汚れても
すぐに洗えるでしょ

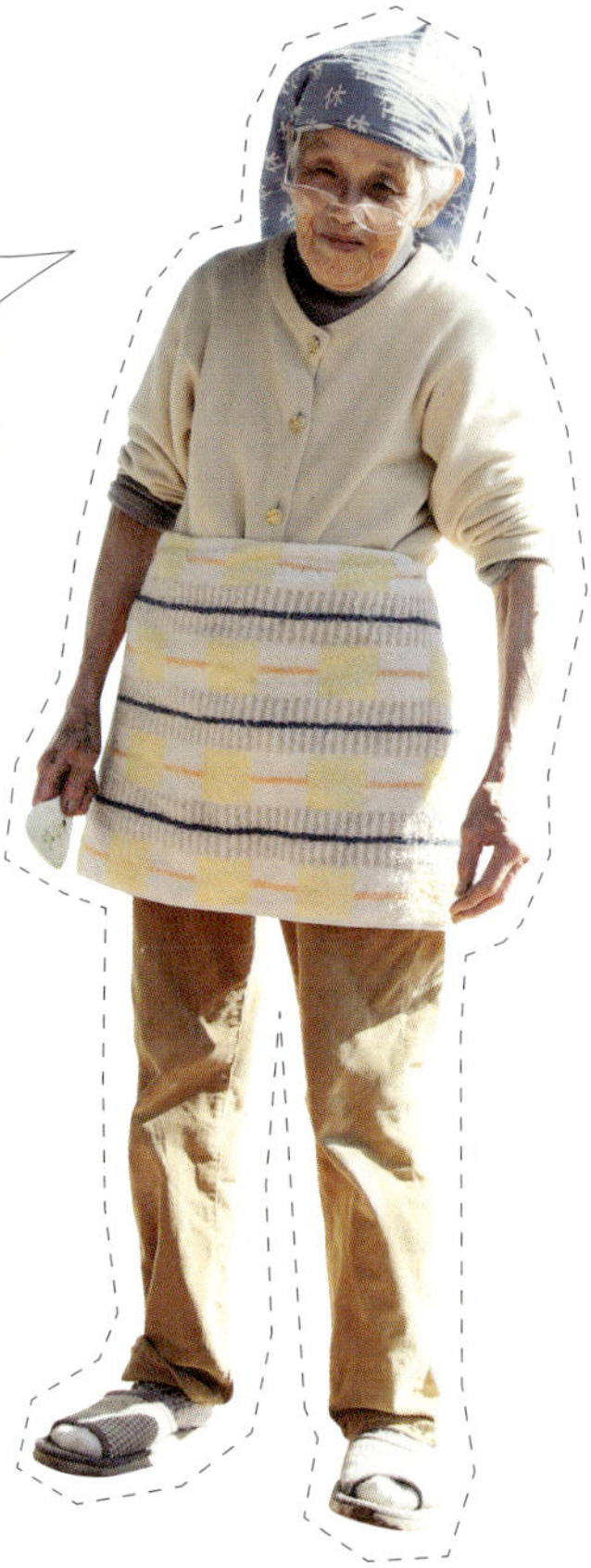

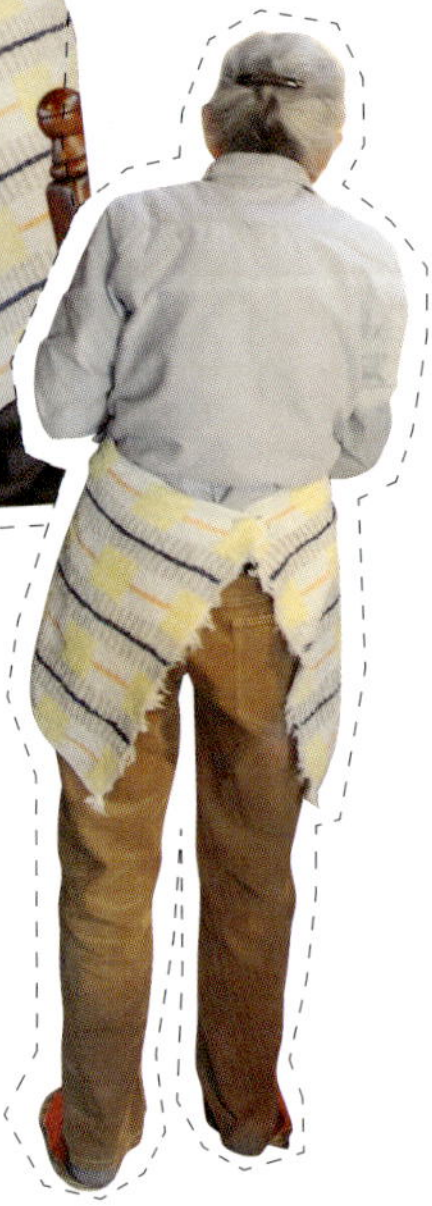

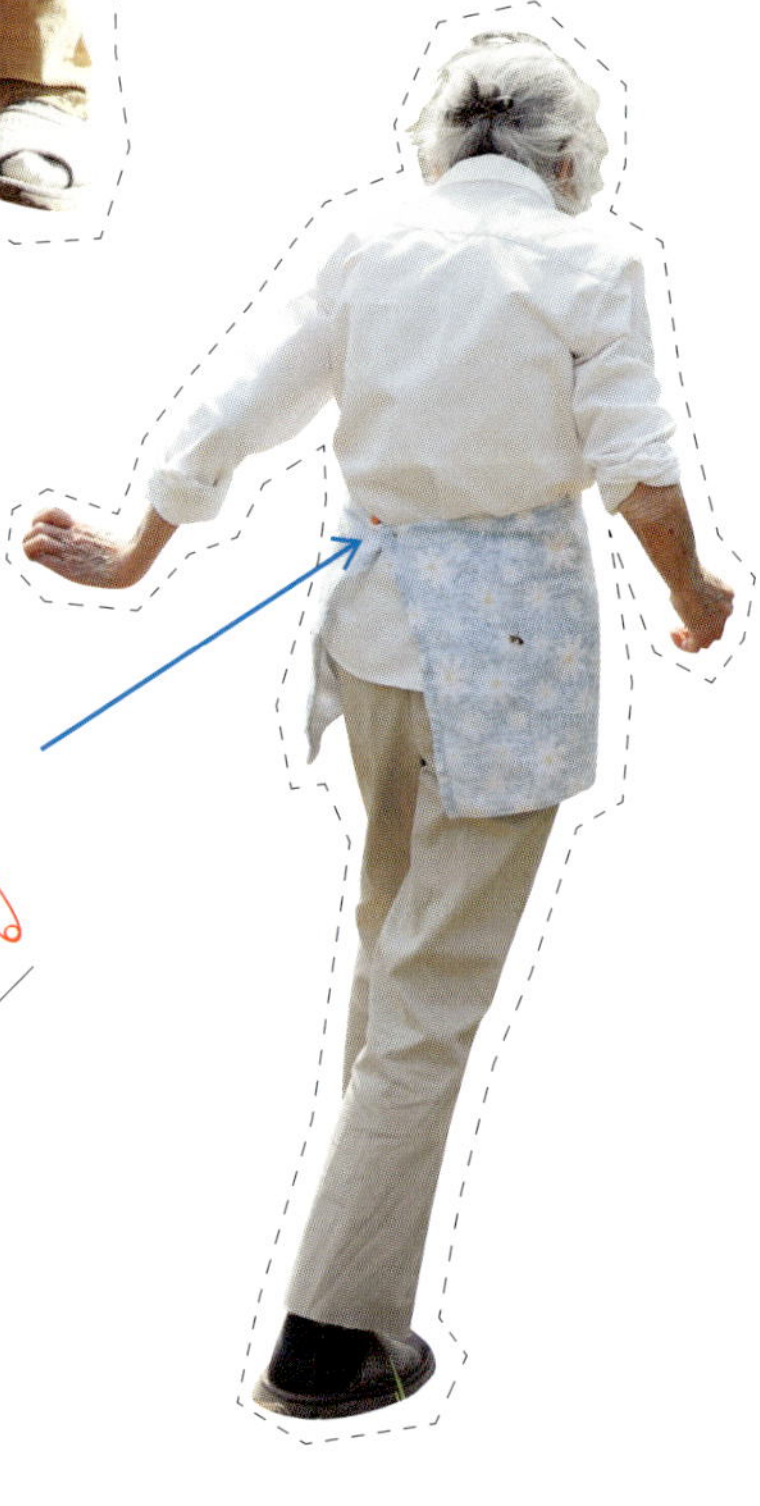

赤い
安全ピンで
留めています

撮影する
ほどでも
ないと
思うわよ

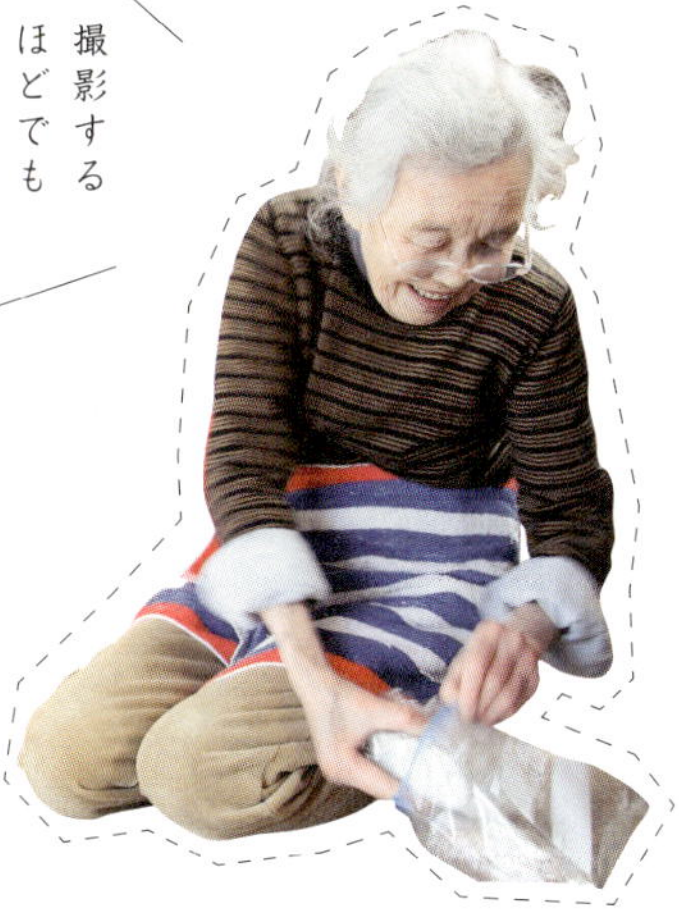

洗い物の水しぶきを受け止めたり、調理中に濡れた手を拭いたり。主婦に必須のエプロンですが、英子さんは、腰にタオルをくるっと巻いて、赤いピンで留めて代用。「その辺にあるタオルを適当に巻いているだけよ」と英子さんは照れるけれど、その無造作加減が何だか不思議におしゃれなのです。

しゅういちさんの好物

その1
パルミジャーノ・レッジャーノのチーズクラッカー

○つくり方

薄力粉100gとベーキングパウダー小さじ½、コショウ少々をよく混ぜてふるいにかけ、ボウルへ。そこに、バター20gと粉末にしたパルミジャーノ・レッジャーノ30gを加える。しっとりとぼろぼろの状態になるまで手で混ぜ合わせ、水50cc、塩少々を加え、生地をまとめ、冷蔵庫で30分ねかせます。ねかせた生地は、めん棒で2㎜厚さに薄くのばし、型抜きし、フォークで穴あけします。180度に熱したオーブンで焼くこと15分。焼きすぎると苦くなるので、要注意。

しゅうたん、上手だから。今度から型抜きはやってもらおう。私は雑だから（笑）

その2
ミートパイ

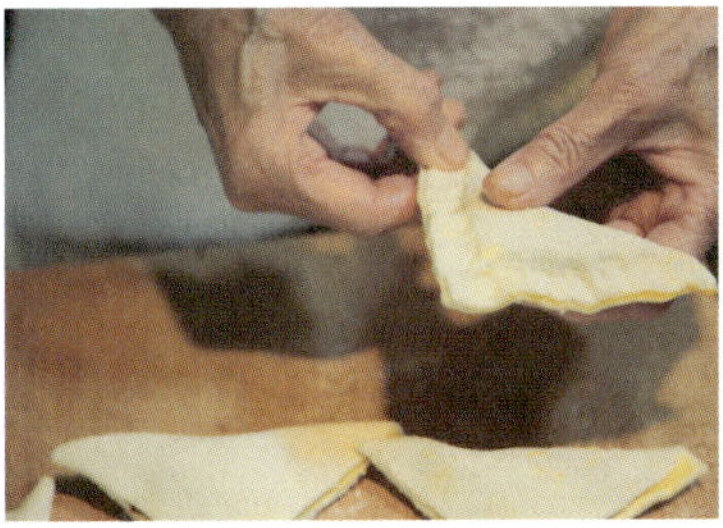

ミートパイは、「お肉大好き」なしゅういちさんのお気に入り。パイ生地をつくり、煮込んで冷凍してあった具をのせて。できあがったミートパイは、しゅういちさんが食べる分を残して、宅配便で娘や孫、あちこちの友人知人に贈る。

＊つくり方は154ページ

冬のおもてなし

「1月はお正月だし、3日はしゅうたんのお誕生日だから、ごちそう続き」と、英子さん。今日は1月11日で来客のある日。「もうあれこれ食べる気はしないのだけれど…」と言いながらも、鶏の丸焼きにフルーツサラダ、おせち、お雑煮と、豪勢にもてなします。

「私の里、知多半島のお雑煮は、ハゼのだし。かつおぶしよりさっぱりしていて、かまぼこや正月菜を入れるくらいでシンプルなんだけど、おいしいのよ」と、英子さん。今日のメインディッシュは鶏の丸焼き。鶏の中にはレバーや甘栗、とうもろこしなどを詰めて、お手製のフルーツソースをかけて、いただきます。

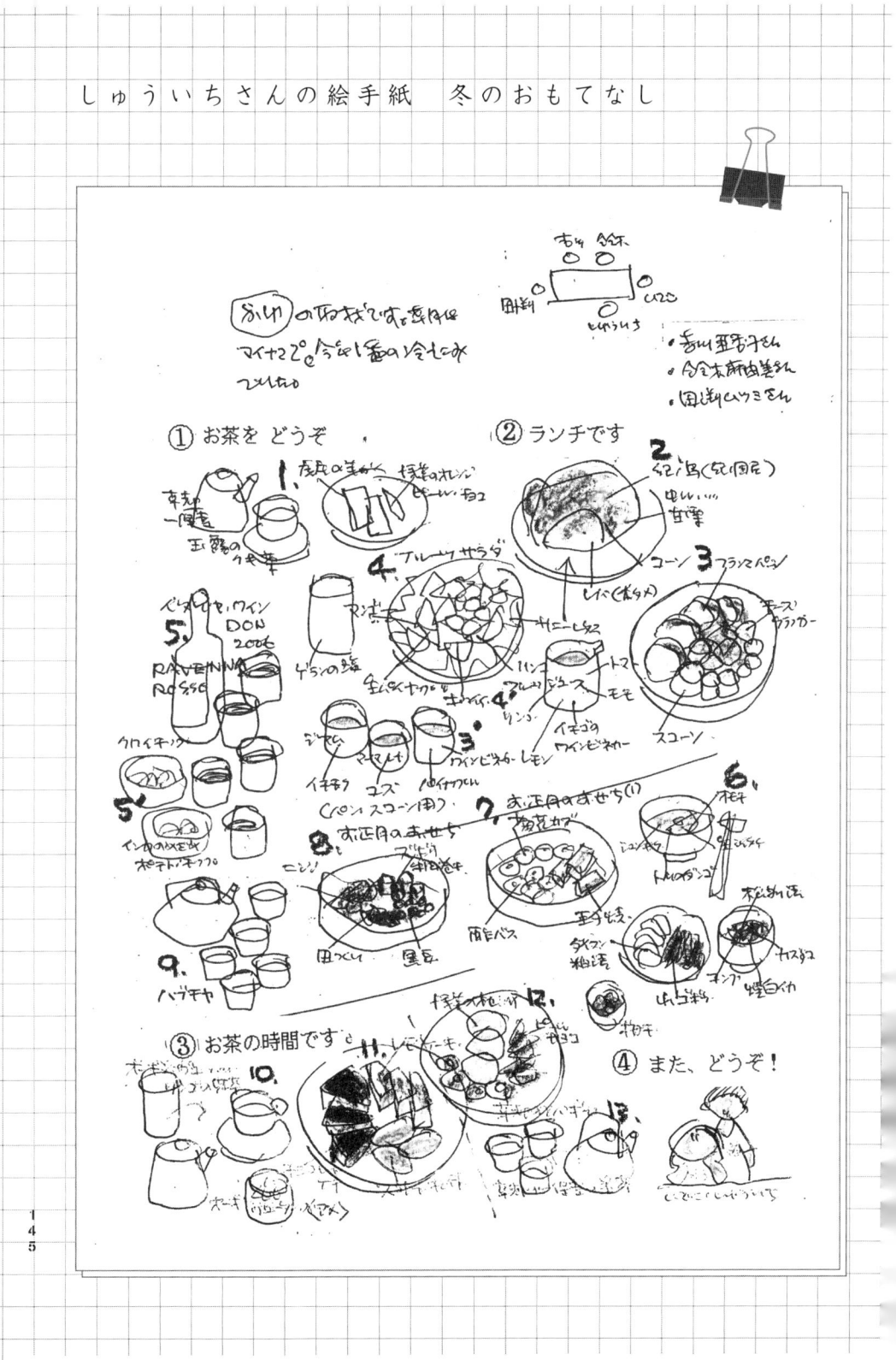

しゅういちさんの絵手紙　冬のおもてなし

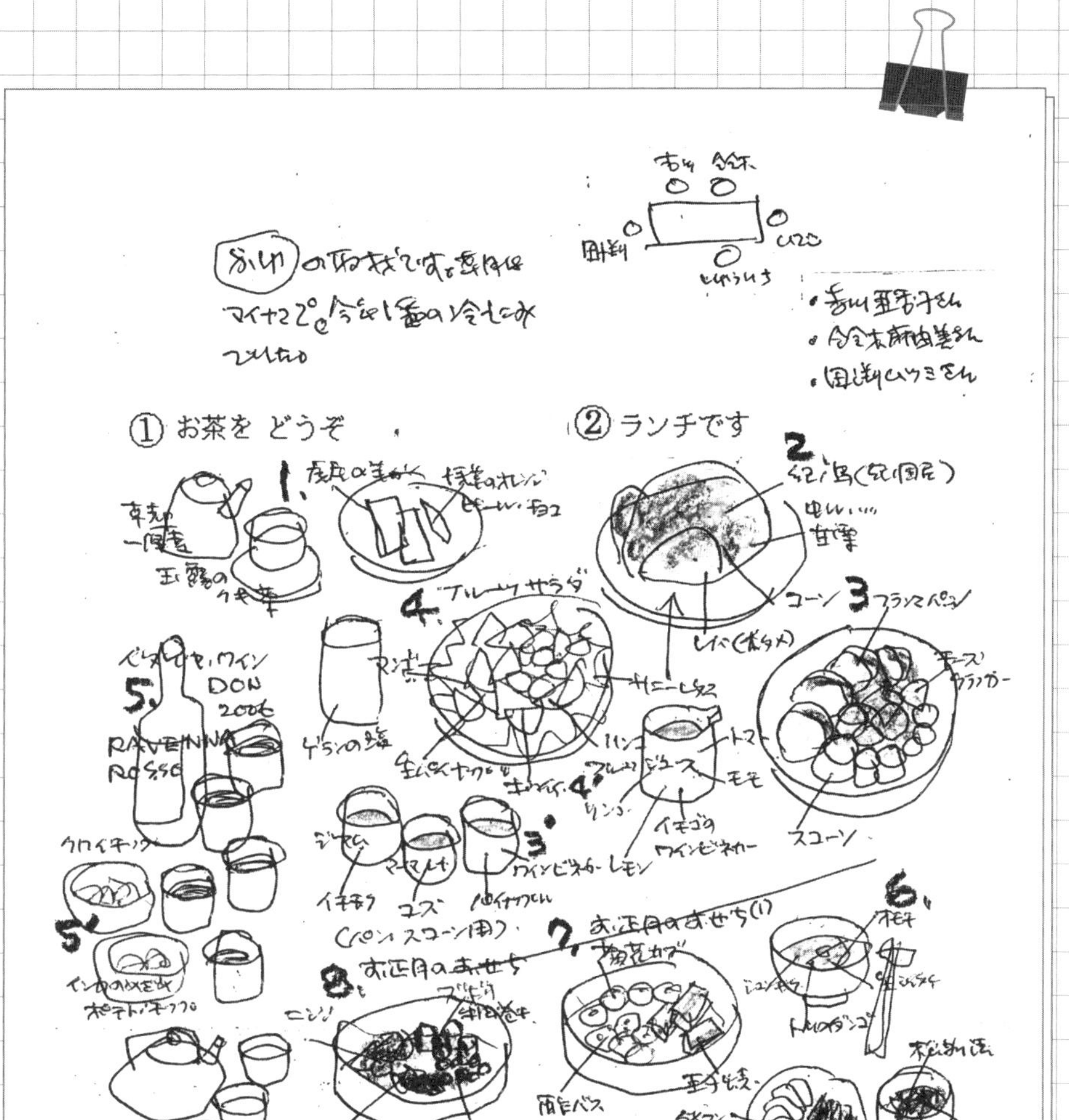

英子さんと「暮らしは細かく」

家の中のあちこちに飾ってあるのは、すべて庭で摘んだ花。「ちょっとお花があると、気持ちが和むわよね」。トイレにはスノードロップを。

夜のお茶はコーヒー。「しゅうたんはね、コーヒー飲んだら眠れなくなるって。おもしろいわよね（笑）」「英子さんは朝寝坊することもあるくらい、ぐっすり寝るんですよ（笑）」

ぼんやりできない性分

英子さんは朝起きてから夜寝るまで、三度の食事とお昼寝（シエスタ）、お茶の時間以外はいっときも座ることなく働いています。

たとえ夕食後、テレビを見ているときでも、CMのたびに編み物や繕い物などで手を動かして、ぼんやりしていることはありません。

「なぜだか、ぼうっとしていることができないの。そういう性分なのね」

いまどきは、現代風に合理的に暮らそうと思えばいくらでもそうできるけれど、あえて手間ひまかけて暮らしている英子さん。ちっともじっとしていないのに、でもせわしなく見えない姿からは、日々の暮らしに心から満足している様子がうかがえます。

キッチンガーデンで採れたしいたけとにんじんを干し野菜に。「台所の合間、合間にするから、そんなに大変じゃないのよ」干すのは２日間。おこわに入れたり、煮ものにしたり。

料理の合間に

「それにね。こまめに家事をすることは、手と足の運動になるから体にもいいのよ。この年になって、朝まで一度も目が覚めずにぐっすり眠れるのも、体を動かしているおかげね」

結婚してから丈夫になって、寝込んだことなど一度もないのが英子さんの自慢です。

「風邪をひいても、熱が出ても、ごはんの支度だけはしなくちゃいけないでしょ、女は。体がえらくて寝ていても、ごはんのときには起きる。そういうもんだと思ってきたから。だって私、食べさせてもらおうと思って結婚したんですもの。その分、うちのことしっかりしなくちゃと思って」

それにしても、三度三度の食事の支度だけでも大変

従妹に頼んで原毛を糸につむいでもらい、マフラーを織る。機織りは1日1時間だけ。

英子さんの機織り機。天井には、しゅういちさんのロープワークで糸を保管してある。

なのがふつうなのに、保存食づくりやお菓子づくり、さらには刺繍や編み物、機織りなどの手仕事まで、英子さんはなんなくこなしてしまいます。いったいどうやったら、そんなに何もかもできるのでしょう。

「暮らしは細かくしようと思えば、うんと細かくなるんですよ。暮らしって、毎日の小さな積み重ねだもの」

たとえば朝、土鍋でごはんを炊くとき、炊き上がるまでの時間にササッと保存食をつくるための野菜の下処理をしたり。ジャムを煮立てながら、クッキー生地をこねたり。

「だいたい台所をやりながら、なんですよ。合間合間にするから、あんまり『やった』って感じがしないの」

なるほど。どんな作業も一気に片づけようと思えば億劫になるけれど、すきま時間にちょこちょこっとやれば、それほど苦にはなりません。

羊さんの毛糸で つくった マフラーと靴下

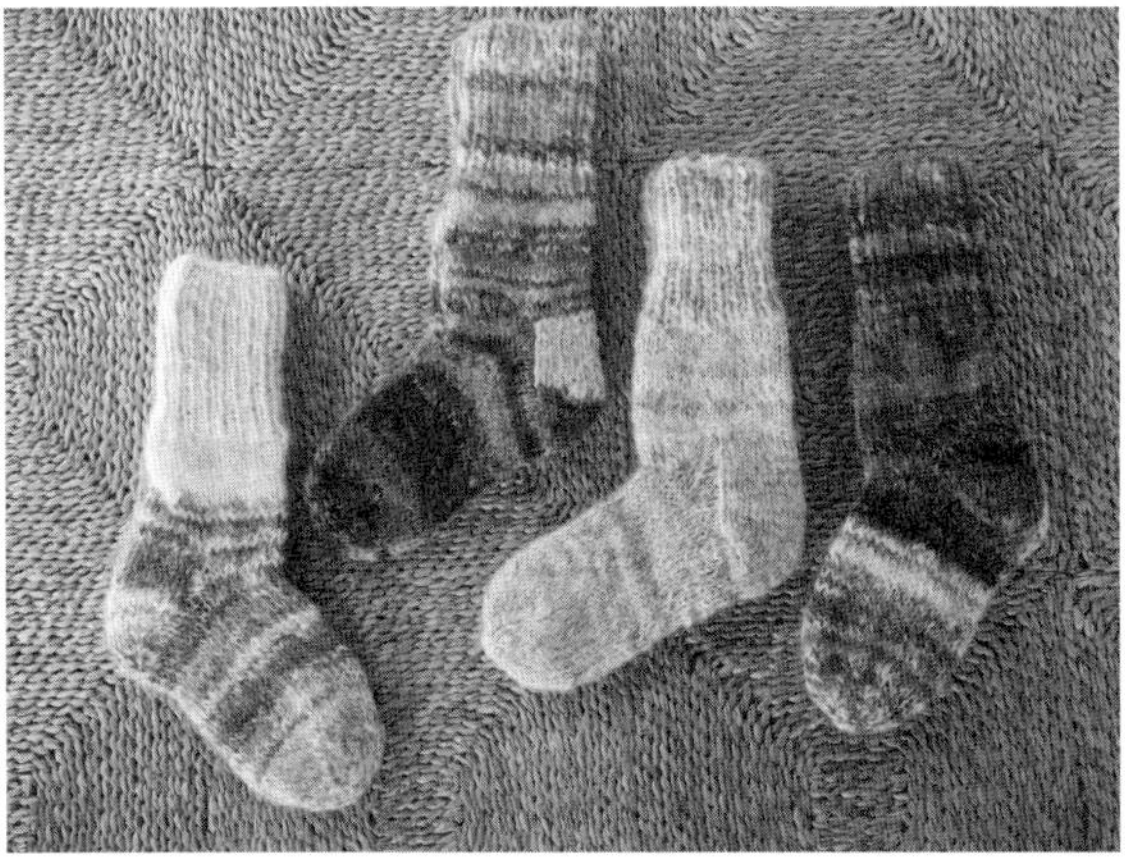

（上）機織り機で織ったマフラー。（中）毛糸で編んだ靴下。お世話になった友人知人のほか、今年は被災地にもたくさん送った。（下）お気に入りのかごに毛糸を入れて。「私、手仕事のものが大好き。特にかごが好きでね。いつも名古屋の丸栄さん（百貨店）の中の民芸品を扱っているお店で買うの」「このかごは、そうねぇ、50年以上も使っているかしら」

通信教育で白糸刺繍を習い始めた。写真は練習でつくったサシェ。「娘が始めたので、私もやってみようかと思って。目が疲れるから、1日1時間と決めてやっています。しゅうたんの勉強のところ（コックピット）を借りて、手元を明るくして」

最近、再開した機織りも、「一日根を詰めていると、肩が痛くなったりするでしょ。そういうの、嫌だから。ごはんをつくる合間に（機織りの）縦糸だけ張っておこうとか、1時間だけ織ろうとか。あれやりこれやりし、1日でマフラー1本仕上げるくらいのペースがちょうどいいわね」

家事でも何でも、ため込んではダメ、と英子さん。アイロンかけも毎日。シャツやズボン、それから食事のたびにかけ替えるテーブルクロスにアイロンをかけるのは夕食後と決めています。

「私、麻が好きだから。夏はしゅうたんのシャツもあるし、アイロンかけは欠かせないですね。しゅうたんは夕ごはん食べるとすぐ寝ちゃうから、私はそれから30分ほどアイロンかけ。ためちゃうと、大変なのよ。小さな積み重ねを繰り返していくことが大切なの」

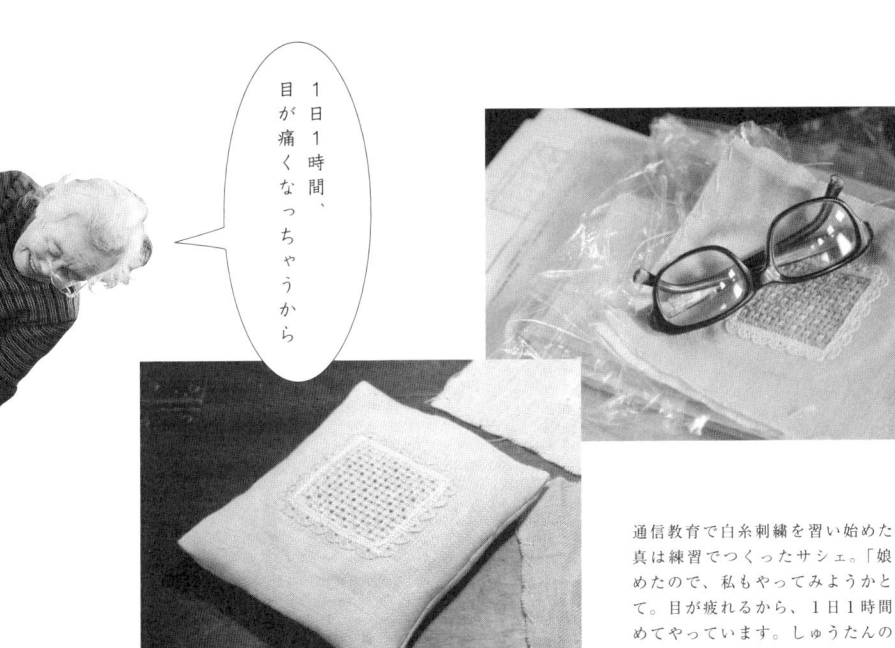

キッチンに１つ、リビングに２つ、そして農作業小屋に２つ。つばた家には冷凍庫が５つある。どの冷凍庫にも保存食がぎっしり。「どこに何があるか、すぐ忘れちゃうのよ（笑）」

冷凍庫は５つ

冷凍で保存

毎日の食事の助っ人となっているのが、冷凍保存した食品類。すべて英子さんの手づくりです。

「たいていのものは冷凍できるんですよ。暮れに採れるしいたけも干して冷凍、なすも素揚げして冷凍しておくの。サッと料理に使えるから便利よ」

素材のほか、デミグラスソースやホワイトソース、マッシュポテト、豚の角煮なども「台所をやりながら、合間、合間にサッとつくって冷凍しておくの」。

急なお客さまのときも、それらがあれば大丈夫。

「実は先日、日にちを間違えていてね。前の晩になって『お客さまがいらっしゃるの、明日だった！』と気づいたのだけれど、いろいろあったから何とかなったの。よかった（笑）」

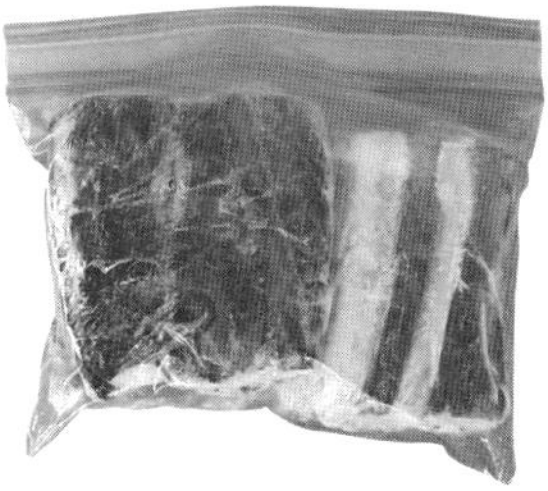

2 | 1
5 | 4 | 3

英子さんの冷凍庫に入っているもの。下処理した野菜いろいろ。スイートポテト、アップルパイ、ジャム、ミートパイ、ギョウザ、シュウマイなどのお菓子や惣菜。きのこ類は生のまま冷凍。**1**りんごは薄切りにして干し、チップス状にして。**2**ゆり根。**3**「サッと洗ってだし汁でよく煮てしょうゆをちょこっと垂らすだけでおいしい」切り干し大根。**4**じゃがいもを牛乳でゆでて、塩コショウしたマッシュポテトは「水と煮れば即席スープになるから便利なの」。**5**なすは素揚げしてから。惣菜や冷凍野菜を使うときは、冷凍のまま土鍋で蒸すのが基本。

ミートパイ

冬はパイ生地から手づくりしますが、気温が高い夏はうまく層にならないので、パイシートを使います。中に入れる具は、牛肉の切り落としと玉ねぎとトマトジュースで。牛肉はしっかりと炒め、玉ねぎを入れてさらに炒めたら、トマトを絞って裏ごししたトマトジュース（市販のものでも）を、具がかぶるくらいに入れてよく煮込む。最後に甘味としてトマトケチャップとナツメグを入れ、汁けがなくなるまで煮る。パイシートを４つ切りにしたものに具をはさんで２つ折りにし、まわりをしっかり押さえる。おいしい肉汁が下からはみ出さないように上部に数か所ナイフで切り込みを入れて、１００度に熱したオーブンで様子を見ながら30分くらい、焼き目がつくくらいまで焼く。

ローストビーフ

ローストビーフ用のかたまり肉１kgに、塩、コショウ、てんさい糖、にんじん、玉ねぎ、セロリ、パセリ、イタリアンパセリ、フェンネル、ローリエ、ニッキの葉をまぶして、３日間冷蔵庫でねかせる（ベーコンの下ごしらえと同じ）。肉にバターをのせ、１８０度に熱したオーブンで30〜40分間焼く。

中まで火が通らない程度で。

ローストビーフのソース

自家製デミグラスソースです。鶏の丸焼きの残り汁、シチュー用の牛肉1kgを焼いたときの残り汁に、バターと小麦粉を薄茶色になるまで焦がしたものを多めに加え、トマトスープも入れてとろっとするくらいまで煮込む。黒砂糖、濃口しょうゆも味を見ながら足していく。あらかじめつくって、冷凍保存しておくとよい。コロッケなどにつけてもおいしい。

春夏秋冬、料理とお菓子をつくりました。なるべく旬のもの、その時期に1度か2度しか食べられないような〝ほんもの〟の食材を使うようにしました。何でも「もう少し食べたい」と思うくらいがちょうどよいと思います。来年を楽しみにできますから。

わが家は何でも自分流なので、味つけもその時々。舌で味わっておいしいものをつくることがいちばん大切だと思っていますから、調味料などの分量はそのたびごとに違ってしまいます。でも、家庭の料理は、それでいいと思うのです。みなさんも自分なりの舌の感覚を大切にして、つくってみてくださいね。

英子

つばた家の
キッチンガーデンと
雑木林

ふゆ

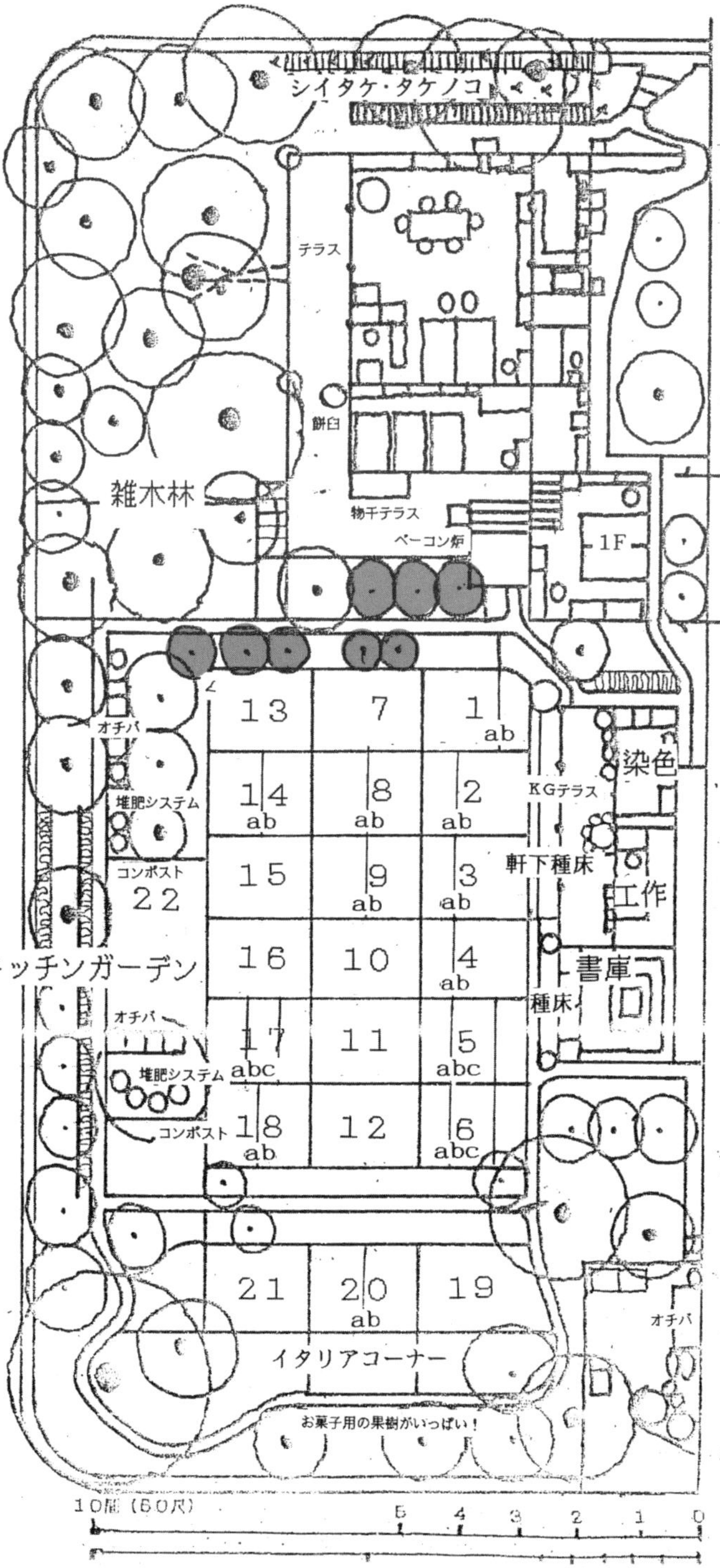

1 a にんにく b エンドウマメ、ハツカダイコン c にんにく
2 a ソラマメ b グリーンピース
3 a ミエンドウ b グリーンピース
4 a（お休み） b グリーンピース
5 a ユキシロナ b ニンジン c ゴボウ
6 a キャベツ b カリフラワー c ブロッコリー
7 イチゴ
8 a グリーンピース b ジャガイモ
9 a ジャガイモ b（お休み）
10 （お休み）
11 タマネギ
12 イチゴ
13 イチゴ
14 a エンドウ b ゴボウ、ペンシルキャロット
15 ダイコン
16 聖護院ダイコン
17 a キャベツ b コカブ c ニンジン
18 a ヤーコン b（お休み）
19 a セロリ b ニンジン
20 a タマネギ b（お休み）
21 タマネギ
22 オオムギ（麦茶用）

イタリアコーナー

・ナノハナ／ミツバ／ワケギ

軒下の種床

・ハタワサビ／コリアンダー／サニーレタス
・カイワレ／ノラボウナ／シュンギク／ネギ／正月菜

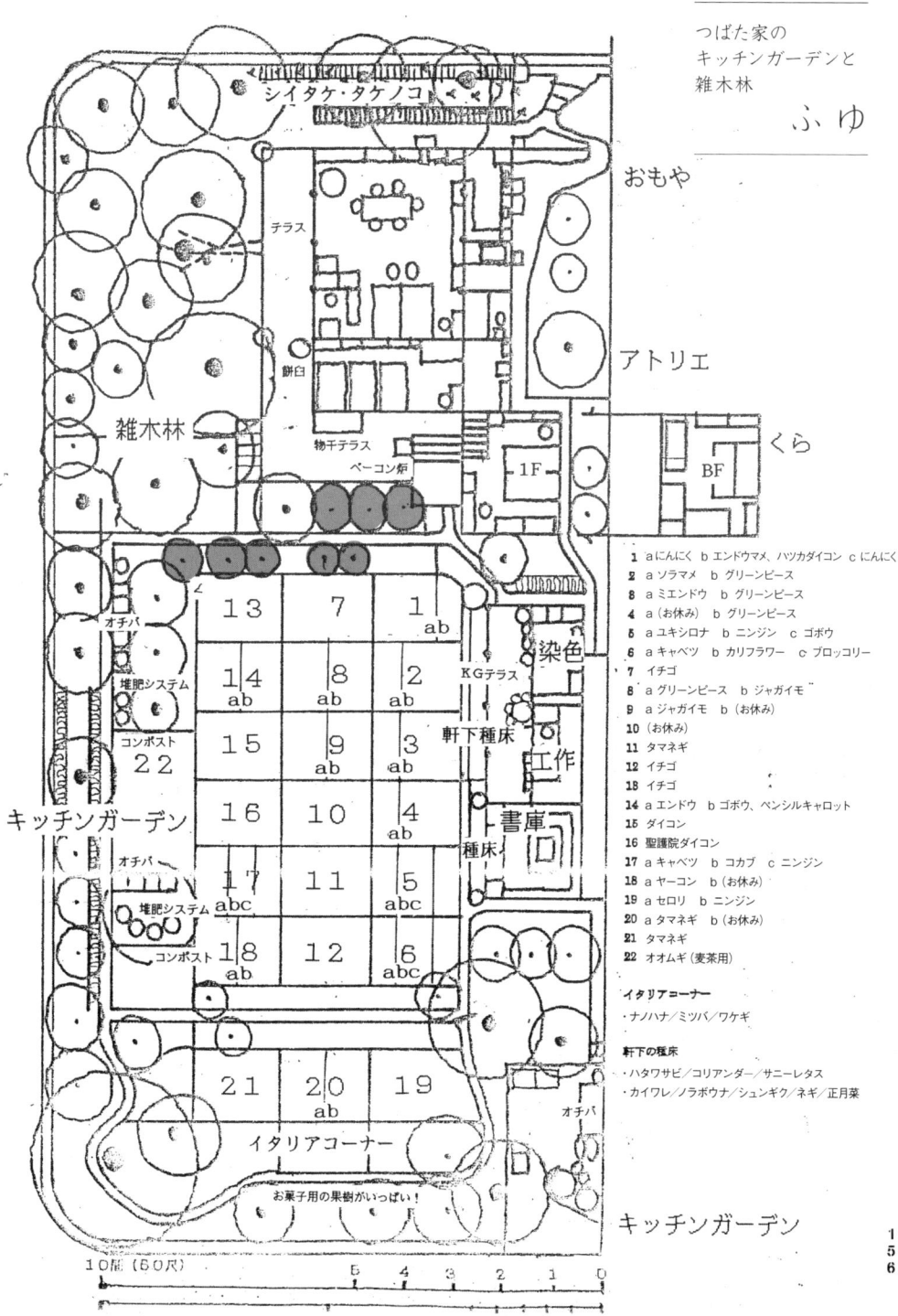

おわりに

小さなおともだちのように

天火《てんか》ちゃん（1歳3か月）が、前に座っています。英子さんが「ハイ、チーズケーキよ」と、手作りのお菓子をすすめました。となりのお母様が、スプーンで一口もっていくと、目を輝かせて私をみつめました。「おいしい」と言葉に出せなくても、からだ全体で表現しています。自分のものがなくなると、お母様の分を指差して「もっと」とせがむのです。

おそらく、彼女にとって、チーズケーキは初体験だったでしょう。でも、〈見て、感じて、おどろいた〉ことが、なんともわかりやすく、私たちに伝わってきます。「よかったね、天火ちゃん。おいしいもの、いいもの、ホンモノがわかってくれるのね」と、英子さんと私は〈小さなおともだち〉に感動しました。

たくさんの言葉も説明も、必要ありません。〈見て、感じて、おどろく心こそ、大切よ〉と、レイチェル・カーソンさんは言っています。『センス・オブ・ワンダー』の世界が、ここにありました。今の世の中の大人たちは忙しくて、その暮らしに疲

れています。その中で見る、一見〈新しい世界〉は、まやかしなのかもしれません。〈言葉が多すぎる／というより、言葉らしきものが多すぎる／というより、言葉といえるものがない〉といった、女性詩人の言葉を思い出しました。天火ちゃんの『センス・オブ・ワンダー』の世界から、私たちは出発しなおさなければならないのかもしれません。見て、感じて、おどろくことだけにとどめ、説明しないように心がけること。考えるより、見ること。本質的なことは、見ることを学ぶことなのかもしれません。見ているときに考えたりすると、見る力が弱くなって、何も見ていないことになりそうですから。

　この1年間、はる・なつ・あき・ふゆ、あさからよるまで、『センス・オブ・ワンダー』の暮らしのレポートは、〈考えるより、見ること〉をテーマにして、写真を撮り続けました。そして、〈むずかしいことを　やさしく／やさしいことを　ふかく／ふかいことを　おもしろく　かくこと〉を心がけました。編集スタッフはいつか、天火ちゃんのような〈小さなおともだち〉になっていました。みなさんも、どうぞ、そのお気持ちで。

しゅういち

つばた英子

1928年生まれ。キッチンガーデナーとして、大地に根ざしたていねいな暮らしを実践中。

つばたしゅういち

1925年生まれ。自由時間評論家。東京大学卒業後、アントニン・レーモンド、板倉準三の建築設計事務所を経て日本住宅公団入社。広島大学教授、名城大学教授、三重大学客員教授などを歴任。

装丁・デザイン　池田紀久江

撮影　田渕睦深

取材・文　鈴木麻由美

校閲　滄流社

企画・編集　吉川亜香子

あしたも、こはるびより。

著者　つばた英子
　　　つばたしゅういち

編集人	山村誠司
発行人	倉次辰男
発行所	株式会社 主婦と生活社
〒104-8357	東京都中央区京橋3-5-7
編集部	tel 03-3563-5194
販売部	tel 03-3563-5121
生産部	tel 03-3563-5125
印刷所	大日本印刷株式会社
製本所	小泉製本株式会社

ISBN978-4-391-13993-8

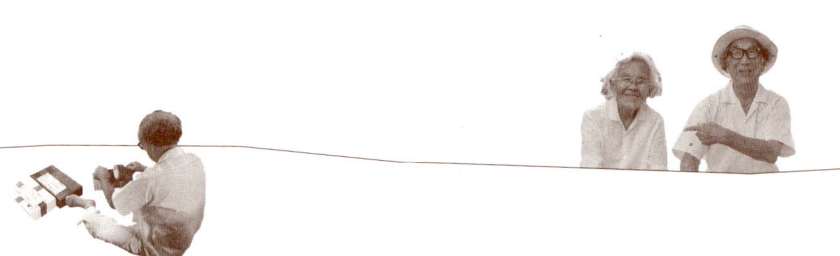